别人的看法重要吗？
10岁开始的哲学思考课

我能永远快乐吗？

[法] 让娜·布瓦耶 著 [法] 樊尚·贝吉耶 绘
徐洁 译

中信出版集团 | 北京

图书在版编目（CIP）数据

我能永远快乐吗？/（法）让娜·布瓦耶著；（法）樊尚·贝吉耶绘；徐洁译．-- 北京：中信出版社，2023.9

（别人的看法重要吗？：10 岁开始的哲学思考课）

ISBN 978-7-5217-5674-6

Ⅰ．①我… Ⅱ．①让… ②樊… ③徐… Ⅲ．①哲学－儿童读物 Ⅳ．①B-49

中国国家版本馆 CIP 数据核字 (2023) 第 072754 号

Peux-tu décider d'être heureux?
Text: Jeanne Boyer
Illustrations: Vincent Bergier

我能永远快乐吗？
（别人的看法重要吗？:10 岁开始的哲学思考课）

著　　者：［法］让娜·布瓦耶
绘　　者：［法］樊尚·贝吉耶
译　　者：徐洁
出版发行：中信出版集团股份有限公司
（北京市朝阳区东三环北路27号嘉铭中心　邮编　100020）
承 印 者：北京利丰雅高长城印刷有限公司

开　　本：889mm × 1194mm　1/32　　印　　张：6　　字　　数：130千字
版　　次：2023年9月第1版　　印　　次：2023年9月第1次印刷　　印　　数：1-8000册
京权图字：01-2023-3001
书　　号：ISBN 978-7-5217-5674-6
定　　价：68.00元（全4册）

出　　品：中信儿童书店
图书策划：如果童书　　策划编辑：蔡磊
责任编辑：孙婧媛　　营销编辑：赵诗可
封面设计：李然　　内文排版：杨兴艳

献给克里斯朵夫。

——让娜 · 布瓦耶

献给玛依。

——樊尚 · 贝吉耶

目录

明星的烦恼

小阿喀琉斯、小月桂和小超正在看杂志上著名歌手艾米莉的专访。这个明星向粉丝们倾诉烦恼：男朋友离开了她，新专辑也遭遇惨败。总之，她的生活一败涂地，她从来没有这么沮丧过……

哲学小蜜蜂看起来很恼火，在上方激动地嗡嗡嗡。

“这个女孩是人生赢家，有钱、人长得美，还有一份很耀眼的工作……她拥有一切，应该觉得幸福才对，可她居然抱怨自己是不幸的！”

“这很正常！”三个孩子齐声喊了起来。

“**这很正常！**”小阿喀琉斯说，“粉丝和男朋友都离她而去，她真的很不幸。”

“**这很正常！**”小月桂说，“她不知道自己想要什么。如果她不那么愚蠢，自然就会快乐起来。”

“**这很正常！**”小超说，“没有人能真正快乐。”

现在请你来做决定

如果你的回答和小阿喀琉斯一样，请翻到第 8 页。
如果你的回答和小月桂一样，请翻到第 9 页。
如果你的回答和小超一样，请翻到第 10 页。

小阿喀琉斯和哲学小蜜蜂的对话

“你不觉得还有比她更不幸的人吗？”哲学小蜜蜂问道。

“这个世上有比我们更不幸的人，并不意味着我们就是幸福的。”

“可她只会钻牛角尖！”

“这可不是钻牛角尖！”小阿喀琉斯惊叫起来。“如果她的粉丝和男朋友都不喜欢她了，她怎么快乐得起来呢？当没有人爱我们时，我们自然不会感到幸福。”

“如果真的如你所说，那就说明我们的快乐和幸福并不取决于自己，而是取决于他人。”

“是的，我就是这么认为的！不快乐不是我们的错，快乐取决于别人，或者运气。有人爱我吗，我是否身体健康……这些都不取决于我，但我需要这些才能幸福。”

如果你同意小阿喀琉斯的看法，请翻到第 11 页；
否则，就请返回第 7 页，看看小月桂和小超是怎么说的。

小月桂和哲学小蜜蜂的对话

“你认为快乐和幸福是由智慧决定的吗？”哲学小蜜蜂问道。

“我想如果艾米莉稍微想一想，她可能就会快乐。她之所以难过，是因为她的专辑卖得不好。这不过是虚荣罢了。她应该明白，这其实并没那么重要。”

“也许是吧……可她的男朋友离开了她呀！她有什么办法呢？我们无法避免痛苦，有些事情不是我们能决定的。”

“我不同意。”小月桂回答。“只要没有遇上无能为力的大麻烦，我们的快乐和幸福就取决于自己。即便有什么事情让我伤心难过，我可以想着这没什么大不了的。比方说，假如有人不喜欢我，我也可以不喜欢他们；假如我不能拥有自己想要的东西，我就不再想要了。”

“可如果你什么都不想要，你不会觉得无聊吗？”

“可能吧，但总比整天哭哭啼啼好！”

如果你同意小月桂的看法，就请翻到第 12 页；
否则，就请返回第 7 页，看看小阿喀琉斯和小超是怎么说的。

小超和哲学小蜜蜂的对话

“你认为我们不可能获得真正的快乐吗？”小蜜蜂问道。

“看看艾米莉，就是个很好的例证，不是吗？”

“证明什么？”

“证明我们拥有的越多，想要的就越多。”

“艾米莉很失望。这就是她不快乐的原因。”

“在这以前，她就已经不开心了。”小超回答，“她在‘新生代好歌喉’节目里首次出道时曾说过，制作专辑会让她无比快乐。她做到了，可现在她却很伤心，因为她还不够成功。至于她的男朋友，就在不久前，她还发誓说，光是遇见这个人就让她非常幸福了……”

“或许，当她取得更大的成功，当她真正找到生命中的另一半时，她才会感到快乐和幸福？”

“不，她永远不会快乐。她永远会想要更多！她最好停下来，不再去追逐快乐，好好享受当下生活中的美好时光。”

如果你同意小超的看法，请翻到第 13 页；
否则，就请返回第 7 页，看看小月桂和小阿喀琉斯是怎么说的。

哲学小蜜蜂点评小阿喀琉斯的看法

小阿喀琉斯说得对，我们都会受到偶然因素和其他人的影响。

我们需要健康、有人爱、衣食无忧，才能感到幸福快乐。最重要的是，不会遭受命运的打击（例如亲友去世）。

然而这些都不取决于我们，即便在某些情况下我们可以尝试采取行动。比方说，我可以关注自己的健康（吃好睡好），可如果我得了重病，我也无能为力，这不是我的错。我也可以尽我所能去取悦我爱的人，但我无法控制他们的感受并替他们做决定。所以说，我的幸福和快乐并不取决于我自己。

完

哲学小蜜蜂点评小月桂的看法

小月桂说得对，幸福和快乐确实掌握在自己手里。当然，当你食不果腹甚至露宿街头时，想要快乐似乎很困难。但是，即使你必须拥有一定的物质基础才能幸福快乐，想要太多也只会适得其反。

假如我不知道如何享受已经拥有的，假如我一心渴求那些无法拥有的，假如我需要每个人都爱我，我就永远不会快乐，这是肯定的！

要想快乐，最好只追求自己所能拥有的东西，关注自己所能决定的一切，而不是指望别人或是运气的眷顾。

完

哲学小蜜蜂点评小超的看法

小超说得对。一旦得到想要的东西，我们就不会再珍惜了，而是转身去追求别的。这就是人的本性。 我们永远不会满足，我们不可能永远快乐。

的确，总是有很多东西是我们想要却没有得到的。无论我们拥有的东西是多还是少，最终都是一样的。

完全的幸福快乐并不存在，所以还是趁着快乐出现时，尽量享受吧，不要再去妄想事事圆满。

绝对的快乐是不存在的，所以让我们尽可能地开心吧！

完

哲学小游戏

将同色词语排序，组合成蕴含人生哲理的谚语。

一　家　十全

金钱

快乐　十　不　到

世上　欢喜　没有　愁

家　买　美　幸福

一

哲学小漫画

事已至此

出售幸福

哲学小故事

纳斯尔丁和没长尾巴的小牛

纳斯尔丁睡不着觉，在床上辗转反侧，使得他的妻子哈蒂娅都没法睡觉了。

“怎么回事？”她问道，“你为什么不睡觉？”

“因为邻居的母牛。”纳斯尔丁回答说，“我担心着呢。”

“担心什么呢？”

“难道你不知道这头母牛快要生小牛了吗？”

“当然知道。这有什么好担心的？”

“呃……你设想一下，要是这头小牛生下来就没有尾巴。还有，你想想看，要是它一头跌进沟里，而我当时恰好就打那儿经过呢？”

“那又怎样？”

“好吧！ 要真是那样，我可没办法把它从沟里救出来。谁叫它生下来就没有尾巴，我可怎么抓着它呢？

“那又怎样？”

“就会有人说我见死不救，我会被责怪一辈子的！我会招来所有人的怨恨，甚至可能被关进监狱。我可能会饿死或渴死，也许我们这辈子再也无法相见了！所以，你看吧，哈蒂娅，有些事情确实需要担心。”

根据中东传说改编

有时我们焦虑是因为
总是设想最坏的情况。
如果不再杞人忧天，我们会不会更快乐？
小牛就快降生了，纳斯尔丁不应该高兴吗？

哲学小格言

伊壁鸠鲁和他的抄写员

“快乐是生活的目的。”

伊壁鸠鲁的哲学理念令人愉悦，它告诉我们，生活的唯一目的就是快乐！

照伊壁鸠鲁的说法，除了幸福和快乐之外，我们不必担心任何事情。这是否意味着我们可以随心所欲，想要什么就拿什么？当然不是。

因为很多我们想要的东西很可能会给我们带来许多痛苦。因此，最好还是牺牲一点快乐，以免遭受巨大的痛苦。

比方说，如果我想多吃一块巧克力蛋糕，我首先就要问自己：吃这么多会不会撑得肚子痛？

如果我为了获得更高的分数而想作弊，那首先就得问问自己：我会不会受到惩罚？别人知道了我的所做所为，会不会从此就不再信任我了？

按照伊壁鸠鲁的说法，幸福快乐就意味着只有欢乐而没有痛苦。因此，为了快乐，我们必须扑灭所有可能带来恶果的欲望。总之，凡事一定要慎思明辨。

哲学小档案

互联网、电视、电话、汽车……这些东西都是我们生活的一部分，我们对此已经习以为常。

可事实上，这些都是最近一百年才诞生的。互联网在 20 世纪 90 年代末才进入千家万户；彩色电视机是在 20 年代 50 年代末才开播的；至于汽车和电话，也是在 19 世纪末紧随着电力的发展才问世的。

没有电，你能活得下去吗？没有热水、互联网、电话、汽车、飞机呢？

你是否认为，生活在 19 世纪的人不如我们幸福？还是你认为他们比我们更幸福？

拉丁语中有一则流传了两千多年的格言：Carpe diem，意思是把握当下。在中国古代也有类似的观点，请你找出来。

但愿人长久，千里共婵娟。

海阔凭鱼跃，天高任鸟飞。

采菊东篱下，悠然见南山。

有花堪折直须折，莫待无花空折枝。

一箪食，一瓢饮，在陋巷，人不堪其忧，回也不改其乐。

快乐其实很简单

请勿发笑

野驴和家驴

一头野驴在山里迷路了，四处游荡着找吃的。山间小径难行，荆棘划伤了它的毛皮，岩石和石子割伤了它的腿。除了几棵带刺的蓟草，它再也找不到任何东西来充饥了。驴子便做起了白日梦，要是能有一片茂密的草地，一个休息的地方，那就太好啦！

这时，它看到山下有一片绿油油的草地，正如它梦寐以求的那样。有头家驴正在那儿安静地吃草。

野驴慢慢走过去。

走近一看，这画面就更美好了。家驴的肚子圆滚滚的，皮毛闪闪发光。

“你为什么这么享福呢？”野驴问道。

“我有我的主人喂我，照料我。”家驴得意扬扬地回答，“如果你愿意，今晚再来，到时他会在这里，说不定他会收留你呢。”

整个下午野驴都在山上欢乐地奔跑。之前的烦恼似乎已经远去，它就要过上幸福安宁的日子了！它觉得自己浑身上下充满了能量。

当它回到那片绿油油的草地时，一眼瞧见家驴正驮着重重的货担。它的主人在那里，正用棍子打它。“去磨坊，别磨磨蹭蹭的！”农夫吼道。

野驴见状，转身一溜烟儿跑了。“比起棍子，我还是喜欢荆棘！”它自言自语道，庆幸自己逃脱了这样的厄运，“比起别人强加给我的道路，我宁愿走荆棘之路。”

根据伊索寓言《野驴和家驴》改编

你呢，你会做出和野驴一样的选择吗？
你认为自由比什么都珍贵吗？
还是说恰恰相反，在你看来，要想尝到幸福的滋味，
就要付出努力，担负起某些责任？

哲学小格言

塞涅卡和他的抄写员

“记住，每一天就是一生。”

这并不意味着我们每天早上就要一切归零，重新开始。

事实上，塞涅卡建议我们过好每一天，像一天就是一生一样。过去是无法改变的，未来是永远未知的，所以只有活在当下最重要。后悔是没有用的，担心未来也无济于事。

只有在当下，我们才能有所作为。这就是为什么我们必须活在当下，让日子尽可能少一点缺憾。

塞涅卡提醒我们，在该尽力而为的时候不要推迟到以后。因为一旦养成了习惯，我们就会总觉得自己做的不对，就会变得不快乐。

要想快乐，你就必须同自己和解，明白自己已经尽力而为。总之，与其寄希望于明天，不如开心过好今天。

哲学小游戏

这些哲理流传了好多个世纪。不过，它们在传播的过程中丢了一个词。请你写出缺失的词语。

幸福是没有 ________ 的快乐。

没有快乐的生活就是一段没有 ________ 的漫长旅程。

没有任何通往幸福的路，幸福本身就是 ________ 。

再没有什么比 ________ 干得更快了。

幸福就是继续追寻你已 ________ 的东西。

如果你想让 ________ 对你微笑，首先要把你的好心情带给它。

缺失的词语

路 眼泪 旅店 生活 拥有 悔恨

奢侈的忧伤

要是你知道
我有多伤心……
我真是不幸……
要是这"不幸"能降临到我身上就好了!

爆笑

还有这个，你见过这个鬼脸吗?
哈哈!别说啦，我要笑爆了!

哲学小档案

为了衡量各地居民的幸福感，人们进行了各种科学研究。其中一位荷兰研究人员确定了世界上幸福指数最高的地方。

在这位研究人员的幸福指数排名中，灵克宾获得了最高分 8.7 分，满分 10 分。灵克宾是一座位于丹麦西海岸的小城。那里的居民过着宁静祥和的生活，市政府为大家提供许多活动（绘画、体育等），几乎没有盗窃（因此没人费心给自行车上锁），居民们彼此都认识，几乎每个人都安居乐业。

你认为幸福是可以衡量的吗?

我们能否给幸福感打分，就像我们在数学课或地理课上打分一样?

在你看来，去灵克宾生活就能变得幸福吗?

你认为一座城市必须提供什么才能让居民们幸福? 你理想中的城市是什么样子的?

蒙田和他的抄写员

“智慧的标志是恒久的快乐。”

对蒙田来说，智慧并不意味着严肃和顺从……智慧就意味着快乐！

这是什么意思呢？在蒙田看来，假如我们不快乐，那是因为我们缺乏智慧。我们渴望快乐，仿佛它来自某件事，或是某个人。比方说，我们渴望赢得一场比赛，或在考试中拿到高分……总之，我们期待有美好的事情降临在自己身上。可幸福快乐不是可以相互馈赠的礼物，而是一种生活方式。

为了快乐，我们必须首先告诉自己，我们的快乐取决于自己，不能因为一点小挫折就垂头丧气。

但是，我们能否反驳蒙田：生活中可不是只有小挫折……还有大问题等着我们呢！

蒙田深知这一点。在他看来，只有智者方能“常乐”，也就是说，智慧的人在任何情况下都能快乐，即便在最困难的情况下也是如此。

我们都不是完美的人，无法知道如何一直快乐，但至少可以尽量保持快乐。

哲学小故事

达摩克利斯之剑

很久很久以前，有个叫达摩克利斯的大臣，在狄奥尼修斯国王的城堡里过着幸福的日子。尽管他已经很幸福快乐了，可他还是忍不住羡慕国王享有的财富和权力。

有一天，达摩克利斯有幸坐在国王身旁，这可是一个向国王表达钦佩之情的好机会。“狄奥尼修斯国王，您拥有了一个人梦寐以求的一切。我是多么羡慕您啊！每个人都想取悦您，为您提供最精致的菜肴，每个人都畏惧您，敬重您……”

“你想要坐上我的宝座吗？”

“哪个人会不想呢？”达摩克利斯大胆回答。

“那行！让我们交换下位置。”国王提议。

于是，国王和达摩克利斯互换了身份，达摩克利斯坐上了国王的宝座。

侍从们为达摩克利斯献上了美酒佳肴，对他唯命是从。

可坐在宝座上的达摩克利斯觉得有什么不对劲。他抬起头才发现，就在他头顶上方，悬着一把利剑，仅用一根马鬃系着，随时可能断开，一旦坠落，剑会把自己刺穿。打那一刻起，达摩克利斯就再也没办法安然享受自己的特权了，美味佳肴变得苦涩，令他难以下咽。

“怎么样？”国王对他说，“你觉得我的宝座就这么舒服？你还想继续拥有它吗？我的确拥有人们梦寐以求的一切，但我也随时可能失去一切。如果敌人来了，如果他夺取了我的王位，如果他杀了我，那么对我来说，这一切都将不复存在。”

“国王，”达摩克利斯回答，“请坐回到您的宝座上吧。我承认，我作为臣子的简单生活比您的日子更令人向往。”

根据西塞罗《图斯库卢姆辩论》改编

你会像达摩克利斯一样放弃王位吗？
在你看来，如果总是提心吊胆，
我们还会快乐吗？
但是，难道没有什么理由值得我们放弃
自己的幸福快乐吗？

你是哪一类哲学家？
是伊壁鸠鲁、塞涅卡还是蒙田？

想知道答案吗？请回答小测试里的每一个问题，并在纸上记录下你的答案所对应的符号。

接下来，请数一数你得到了几个▲、■和●。

假如你得到的▲最多，请翻到第 38 页。

假如你得到的■最多，请翻到第 40 页。

假如你得到的●最多，请翻到第 42 页。

答案没有对错，你只需要选出最符合自己想法的选项。

1. **不挨饿、不口渴、不受冻，是否就足以感到快乐？**

▲对，这就是我们所需要的一切。

■对，不过即便是挨饿、挨渴、受冻，我们也可以感到快乐！

●不对，我们大多数人都无法对这些感到满意。我们还需要其他东西。

2. **有钱能帮助我们获得快乐吗？**

●对，只要有了钱，快乐很简单。

■不对，但有钱是件好事。它可以让人变得慷慨，而且不为金钱所困，能考虑金钱以外的事情。

▲不对，恰恰相反，一旦你习惯了奢侈的生活，你就会变得更难满足。

3. **是否必须知晓一切才能感到快乐？**

■想要知道一切是没有用的，因为那样你就无法精通任何事情。最好专注于那些重要的事情。

▲了解我们周围的世界可以消除我们的恐惧，这是快乐必不可少的要素。

●要想快乐，你唯一需要了解的就是自己。

4. **获得快乐的不二法门是：**

■言行无可指摘。

▲学会知足。

●天底下有多少人，就有多少种获得快乐的方法，所以没有秘诀！

5. **当我遇到伤心事的时候：**

●我会试着去想别的事情，转移注意力打发时间。

■我会告诉自己，对此我无能为力，因此悲伤没有意义。

6. **当我吃到美味的冰激凌时：**

▲我会很享受冰激凌，但我吃面包时也一样开心。

●我会吃得津津有味，让快乐持续下去，充分享受它。

7. **人生最大的乐事：**

▲拥有一个挚友。

■变得更优秀。

假如你得到的▲最多，你就是……伊壁鸠鲁！

伊壁鸠鲁是谁？

伊壁鸠鲁是一位古希腊哲学家，公元前 4 世纪出生在爱琴海的萨摩斯岛上。他创立了一所哲学学校，名叫“伊壁鸠鲁的花园”。这所学校位于雅典附近的一座花园里，对所有人开放，包括妇女和奴隶（这在当时可不容易）。

对于伊壁鸠鲁来说，哲学的目的在于给人们带来幸福快乐，因为幸福快乐是所有人追求的目标。可怎样才能获得幸福快乐呢？

首先，必须摆脱那些毁掉我们生活的毫无意义的恐惧感。在伊壁鸠鲁的看来，这些愚蠢的恐惧来自我们的无知。比方说，如果不知道打雷是一种正常的自然现象，我们可能一听到雷声就会害怕，甚至会想象有个恶魔在追自己！所以说，无知和迷信是焦虑的根源。这就是为什么我们必须努力了解周围的世界。

其次，必须谨慎对待自己的欲望。如果只想着满足自己所有的欲望，那么我实际上花在想要的东西上的时间，要远远超过我享受已经拥有的东西的时间。所以说，追求快乐得不偿失。相反，如果懂得知足，就能常乐。

最后，必须遵守自己所处社会的法律和规则。违反法律和规则的人将生活在被抓到并遭受惩罚的恐惧之中，他也就不能获得快乐。

在伊壁鸠鲁看来，要想获得快乐，就必须博学慎行、持身公正。

伊壁鸠鲁还建议大家多交朋友，他认为交朋友有百利而无一害，是人生一大乐事！

姓名： 伊壁鸠鲁

年代和地区： 公元前 341 年出生于希腊萨摩斯岛，公元前 270 年于希腊雅典逝世。

同时代人： 哲学家亚里士多德、亚历山大大帝。

名言： 快乐是生活的目的。
知足方能常乐。

主要著作：《致美诺西斯的信》《学说要点》《梵蒂冈馆藏格言集》。

假如你得到的■最多，你就是……塞涅卡！

塞涅卡是谁？

塞涅卡于公元 1 世纪左右出生，他在古罗马度过了人生的大部分时光，负责教导年轻的尼禄。当尼禄登基成为罗马帝国皇帝时，塞涅卡便成为他的政治顾问。但尼禄最终并不信任他，在公元 65 年将他赐死。

塞涅卡是一位“斯多葛学派”哲学家。今天，当我们说某人是斯多葛学派时，意思是这个人面对人生中的打击还能镇定自若。

事实上，在斯多葛学派哲学家看来，我们必须学着对发生在自己身上的事情保持冷静。抱怨并不能阻止不幸的发生。所以，一个人必须有接受现实的力量，不管是最坏的还是最好的。打比方说，如果一场洪水摧毁了我拥有的一切，我也不应该抱怨，因为这毫无用处。我甚至不必希望雨停，因为我没有能力去阻止下雨。

做一名斯多葛主义者并不意味着全然麻木不仁，而是说你必须能够控制自己的情绪。没有什么能让我们一蹶不振。

斯多葛学派哲学家同时也是享乐的敌人。根据他们的说法，追求快乐会让我们远离唯一能让我们真正快乐的事情，那就是：过着一种有德性的完美的生活。

对于塞涅卡来说，快乐的人是努力的人。当我们完成了自己必须做的事情，当我们走向完美时，我们就会快乐。

姓名：塞涅卡

年代和地区：大约公元前 4 年在科尔多瓦（今属西班牙）出生，公元 65 年在古罗马逝世。

同时代人：罗马帝国皇帝尼禄、历史学家普鲁塔克。

名言：记住，每一天就是一生。
独享无趣。

主要著作：《论幸福生活》《论短促的人生》《道德书简》。

蒙田是谁？

蒙田在 1533 年出生于法国佩里戈尔地区。他的父亲非常关心他的教育，甚至只用拉丁语同蒙田说话！

蒙田后来成为波尔多的市长，但他经常外出旅行，并在自己城堡的图书室内度过了漫长的时光。正是在那里，他撰写了著名的《随笔集》。在这本书中，他决定“描绘自己”，也就是说，坦诚地谈论自己。

蒙田自称是个幸福快乐的人。在他看来，幸福快乐并非遥不可及，是可以通过学习获得的。然而，他也承认自己很幸运。他不仅衣食无忧，最重要的是，他的性格很好，没有任何能妨碍他获得快乐的缺点。不过，如果说蒙田是个幸福的人，那不仅仅是因为他运气好，还因为他为自己确立了一个理想。

蒙田解释说，要想获得快乐，就必须先花时间了解自己，这样才能明白什么适合自己，才能找到让自己快乐的生活方式。

这就是为什么我们不能把自己的生活方式强加于他人。每个人都有自己的获得快乐的方式，这种方式取决于每个人的性格。如何获得幸福快乐，需要每个人自己去发现。

不过，蒙田还是给了我们一些简单的建议：当一切顺利时，我们可以尽情地享受，以提升我们的幸福感。比如，蒙田就曾提到，为了享受重新入睡的乐趣，他曾让自己的男仆在半夜叫醒他！

另一方面，蒙田还建议我们，尽量不要沉浸在痛苦之中。把负面情绪赶出我们的脑海，不要再去纠结，好好享受生活的乐趣。

姓名： 米歇尔·埃克姆·德·蒙田

年代和地区： 1533 年出生于法国佩里戈尔地区的蒙田城堡，1592 年在同一城市去世。

同时代人： 哲学家拉波哀西、作家拉伯雷、诗人龙沙，还有画家、雕塑家兼建筑师米开朗琪罗。

名言： 智慧的标志是恒久的快乐。

主要著作：《随笔集》《蒙田意大利游记》。

小游戏答案

第 14 页

金钱买不到幸福快乐。或：金钱买不到快乐幸福。

世上没有十全十美。

一家欢喜一家愁。

第 22 页

有花堪折直须折，莫待无花空折枝。

第 28 页

幸福是没有悔恨的快乐。

没有快乐的生活就是一段没有旅店的漫长旅程。

没有任何通往幸福的路，幸福本身就是路。

再没有什么比眼泪干得更快了。

幸福就是继续追寻你已拥有的东西。

如果你想让生活对你微笑，首先要把你的好心情带给它。

别人的看法重要吗？10岁开始的哲学思考课

别人的看法重要吗？

[法] 让娜·布瓦耶 著 [法] 安娜·鲁盖特 绘
徐洁 译

中信出版集团 | 北京

图书在版编目（CIP）数据

别人的看法重要吗？/（法）让娜·布瓦耶著；（法）安娜·鲁盖特绘；徐洁译．-- 北京：中信出版社，2023.9
（别人的看法重要吗？：10 岁开始的哲学思考课）
ISBN 978-7-5217-5674-6

Ⅰ．①别… Ⅱ．①让… ②安… ③徐… Ⅲ．①哲学－儿童读物 Ⅳ．① B-49

中国国家版本馆 CIP 数据核字 (2023) 第 072753 号

别人的看法重要吗？
（别人的看法重要吗？:10 岁开始的哲学思考课）

著　　者：[法] 让娜·布瓦耶
绘　　者：[法] 安娜·鲁盖特
译　　者：徐洁
出版发行：中信出版集团股份有限公司
（北京市朝阳区东三环北路27号嘉铭中心　邮编　100020）
承 印 者：北京利丰雅高长城印刷有限公司

开　　本：889mm × 1194mm　1/32　　印　　张：6　　字　　数：130千字
版　　次：2023年9月第1版　　印　　次：2023年9月第1次印刷　　印　　数：1-8000册
京权图字：01-2023-3001
书　　号：ISBN 978-7-5217-5674-6
定　　价：68.00元（全4册）

出　　品：中信儿童书店
图书策划：如果童书　　策划编辑：蔡磊
责任编辑：孙婧媛　　营销编辑：赵诗可
封面设计：李然　　内文排版：杨兴艳

献给克里斯朵夫。

——让娜·布瓦耶

献给夏洛特，感谢她的热忱和指点。

——安娜·鲁盖特

目录

金钱没有想法
把乐趣变为现实

荒岛求生

小阿喀琉斯、小月桂和小超的船在一座小岛上搁浅了。哲学小蜜蜂飞快地朝着各个方向侦察了整座岛屿，惊慌失措地回来了。

“这下糟了，我们在一座荒岛上！”

“荒岛？太棒了！”三个孩子一齐叫了起来。

“**太棒了！**”小阿喀琉斯喊道，“我们自由了，可以随心所欲了！”

“**太棒了！**”小月桂喊道，“我们可以定下一套规矩，选出一个首领来！”

“**太棒了！**”小超说道，“我们再也不用忍受那些讨厌的家伙了！”

现在就请你来做决定

如果你的回答和小阿喀琉斯一样，请翻到第 8 页。
如果你的回答和小月桂一样，请翻到第 9 页。
如果你的回答和小超一样，请翻到第 10 页。

小阿喀琉斯和哲学小蜜蜂的对话

“你为什么这么说呢？”哲学小蜜蜂非常惊讶地问道。

“我们总是被迫按别人的要求做事，我们必须服从父母、老师……只有当一个人的时候，我们才是自由的！”

“可其他人并不只是对我们发号施令！你要知道，他们也会帮助我们。老师教你数学，父母给了你面包……”

“哲学小蜜蜂，我们不需要数学，也不需要面包。我们可以靠在大自然中找食物生存，比如水果、鱼等等。在荒岛上生活，不需要擅长数学或制作面包，因此也就不需要老师，不需要面包师了。这样的生活就简单多啦！”

“可是，请告诉我……难道你就不会想念你的父母吗？”

“哦，我可不担心这个——我们终究会团聚的。在此之前，自由万岁！”

如果你同意小阿喀琉斯的看法，请翻到第 11 页；
否则，就请返回第 7 页，看看小月桂和小超是怎么说的。

小月桂和哲学小蜜蜂的对话

“你真的认为我们需要规则和首领吗？”哲学小蜜蜂问道。

“当然！不然的话，每个人都随心所欲，那我们什么事都干不成了。”

“怎么会呢？”

“嗯……比方说，我们需要一个首领下令安排任务：我去摘水果，你去捕鱼，还有你，负责生火。要不然的话，没准儿大家都去摘水果，我们就没别的东西吃了。还可能更糟糕，大家都会去玩水，我们就没有任何东西吃了。”

“可是……你们只有三个人！就不能简单共处吗？省去首领和规则？”

“如果我们能意见一致，那当然可以。可一旦我们产生分歧，就会引起争执……就不可能一起做事。所以说，最好还是先选出一名首领，定下一套规则。”

“不管怎么说，”哲学小蜜蜂叹了口气，“我还是希望尽快有人来解救我们。”

“我也是……不过在此之前，我们先选出个首领来吧！”

如果你同意小月桂的看法，请翻到第 12 页；
否则，就请返回第 7 页，看看小阿喀琉斯和小超是怎么说的。

小超和哲学小蜜蜂的对话

“为什么这么说呢？”哲学小蜜蜂问道。

“因为我们不快乐都是别人造成的。他们总是在指指点点，嘲笑我们。”

“走自己的路，不用管他们！”

“这不可能。我们和别人相处时，总免不了要取悦他们，不能真正做自己。”

“你的意思是？”

“比方说，我们不得不穿着某名牌衣服，听流行音乐等。还有很多时候，其他人会在不明真相的情况下做出判断。在学校里大家都取笑我的表弟，因为他的法语说得不好，可他在法国只待了六个月，说不好很正常！所以你看，哲学小蜜蜂，其他人真让人受不了，我认为一个人能过得更好。”

“你真的认为自己可以脱离他人独自生活吗？”

“我只关心我爱的人。真正的朋友之间不会相互嘲笑。至于其他人，没有他们也很好！”

如果你同意小超的看法，请翻到第 13 页；
否则，就请返回第 7 页，看看小月桂和小阿喀琉斯是怎么说的。

哲学小蜜蜂点评小阿喀琉斯的看法

小阿喀琉斯说得对。实际上，如果仅仅为了生存，我们需要的很少：河水足以解渴，采摘和狩猎能让我们充饥，用木头和树叶搭建的简陋小屋和动物毛皮就足以抵御严寒。很久以前，人类就是这么生活的！

在那种情况下，人们根本不需要为了生存而与他人交易，自给自足就行了。

可是，在今天的社会，一个人不可能全知全能。不可能既会修理汽车、绘制建筑平面图，又会设计电子游戏、制作吉他等等。每个人都要有所长、各司其职！

总之，今天的生活方式决定了我们无法离开他人生存。

完

哲学小蜜蜂点评小月桂的看法

小月桂说得对。如果每个人都只顾自己，随心所欲行事，那就什么事都办不成了。大家聚在一起，为的是各展所长，互帮互助。众人拾柴火焰高嘛。

齐心协力会让我们变得更强大、更富有，因为我们利用了他人的优秀品质和他们所拥有的资源。作为回报，我们也会让他人从我们所拥有的资源中受益。

人与人生活在一起，就必须有组织、定规则。因为既然我们可以从他人的优秀品质中获益，自然也会因为他们的坏品性而遭殃！比方说，总有人想坐享其成，总有人自以为能力超群，总有人想获得更多利益……

所以说，如果我们想生活在一起，就必须接受规则和首领。要不然的话，我们就会浪费许多时间争论不休。

完

哲学小蜜蜂点评小超的看法

小超说得对。人与人之间的关系真的很复杂！我们总是吵架，取笑对方。更不用说，我们对他人还承担着义务，以及必须尊重一定的礼仪规范，比如仪容整洁、衣着得体、仪态良好……各种约束数都数不清！但这些真的重要吗？如果你花费时间只是为了给别人留下好印象，那么到头来，你可能只会关心自己的形象，以至于迷失了自我。

不过，也多亏了有他人，我们才能体验到莫大的欢乐，并克服自己的问题。若是没有了他人的安慰，我们如何才能忍受那些嘲笑？有什么比和朋友一起开怀大笑更幸福的呢？

要是我们不得不彻底一个人生活，不能和任何人说话，我们会变得非常不开心，即使是生活在一座带着游泳池、堆满糖果、有电玩的星级酒店里。

完

将同色词语排序，组合成蕴含人生哲理的谚语。

拾 物以 柴 力

就 类聚

团结 是

火焰 众 高

量 以

群分 人

人

哲学小漫画

被盗的友谊

人群中的孤独

老爷爷和小孙子

很久很久以前，有位老爷爷和儿子一家生活在一起。老爷爷身体太虚弱了，许多事情自己做不了。他的眼力不好，手也一直在发抖。每次喝汤的时候，他总会把勺子里的汤洒出来一半，汤水沿着他皱巴巴的下巴流下来。

儿子和儿媳再也无法忍受了。有一天，儿媳禁止老人和他们一起在餐桌上吃饭——他只能在房间的角落里一个人吃。老人无法为自己辩解，也没法提出抗议，只能接受了这个安排。几天后，当老人独自在角落里吃饭时，碟子从他手中掉了下来，摔碎了。愤怒的儿媳就把碟子换成了木碗。

“这样，你就不会再摔碎了。”儿媳告诉他。

于是，老爷爷就用木碗喝汤。

第二天，老爷爷的儿子看到自己四岁的儿子在玩木头，似乎正在尝试制作什么东西。“你在干什么？”他问道。

“我在做一个小木碗，等我长大了，好给爸爸妈妈用来喝汤。”小男孩回答。

老爷爷的儿子看了妻子许久。两人的心情都很沉重，强忍住了眼泪。

他们转向老爷爷，请求他的原谅。

从那天起，老爷爷重新回到餐桌上吃饭，再也没有受到责备。

根据格林童话《老爷爷和小孙子》改编

多亏了这个小孙子，
儿子和儿媳终于明白了一家人相亲相爱有多重要。
在你看来，互帮互助的界限在哪里？
我们是只需要善待自己的亲人，
还是应该“老吾老以及人之老，幼吾幼以及人之幼”？

哲学小格言

亚里士多德和他的抄写员

“人是政治的动物。”

这并不意味着政客就是些奇怪的野兽。

今天，人似乎更像是一种社会化的动物。这就意味着人生来是必须群居的，必须生活在社会中。

亚里士多德认为，生活在社会中是拥有幸福生活的唯一途径。为什么呢？

首先是因为，我们需要他人才能生存下去。我们自己无法制造出所有东西，所以必须和他人互通有无，才能获得足够的食物、衣服等生活必需品。

其次是因为，我们只有在社会中才能真正像人一样生活。如果我们独自生活（或者生活在一个小圈子里），我们就会花费很多时间来获取食物和保护自身安全。我们将过上一种纯粹的动物生活，没有任何闲暇。

生活在社会中，让我们有闲暇时光，有时间发展自己的道德品质和智慧。总之就是像人一样活着，过上幸福的日子。

社交网络

在21世纪的头十年里，社交软件得到了长足的发展。社交网络是一种很好的交流平台，帮助我们和朋友保持联系，即使我们相隔千里。然而，有研究证实，频繁使用社交软件可能会增加患抑郁症的概率。研究人员解释说，我们看到的只是其他人想向我们展示的生活，而这时，我们的反应是他们的朋友比我们多，他们更快乐，这会让我们感到失落或沮丧。

可为什么我们的“好友”在互联网上炫耀幸福会让我们感到沮丧？我们难道不应该感到快乐吗？我们怎么知道他们真的比我们快乐？你真的相信只通过那些别人想要我们看到的东西，就能够了解一个人吗？

我们生活在社会中，每个人都与其他人产生关系，请你从以下名言中找出最符合下图意思的。

路遥知马力，日久见人心。

子非鱼，安知鱼之乐？

爱之深，责之切。

一个人只有在独处时才能成为自己。

己所不欲，勿施于人。

爱在荒岛上

要是我到一座荒岛上去，
我会带着偶像的专辑。
至于我嘛，要是我到荒岛去，我一定会带着你。
呃……你会记得带上偶像的专辑吧？

假期万岁！

远离城市……
和人群……真好！

纳斯尔丁、儿子和驴

纳斯尔丁对儿子说：“前几天你不是问我幸福的秘诀是什么吗？如果你想知道，就跟我去一趟集市吧。”

纳斯尔丁骑着驴子，儿子在一旁走着。父子俩很快就遇到了一群路人。

“这人不感到难为情吗？”路人议论道，“他就这么若无其事地坐在驴子上，却让自己年幼的儿子疲惫不堪地走路。”

“他们说的对，”纳斯尔丁跟儿子说，“我们交换一下吧。”

父子俩继续赶路，不过现在是儿子骑着驴。很快，他们就又遇到了一群路人。

“这年轻人应当感到羞耻！”这些人很愤慨，“他的老父亲在走路，他却舒舒服服地坐在驴子上。”

“他们说的对。那我们俩都骑到驴背上吧。”纳斯尔丁告诉儿子。

纳斯尔丁和儿子遇到了第三群路人。

“真残忍！两个人骑一头驴！他们一点儿都不疼惜这可

怜的牲口……”

“他们说的对，”纳斯尔丁说，“我们都下来吧。”

纳斯尔丁和儿子牵着驴继续步行。

他们从第四群人身旁经过时，那些人都笑了起来。

“瞧瞧这两个牵着驴走路的傻瓜！那还要驴子干什么？”

纳斯尔丁叹了口气。他把儿子放到驴背上，然后把驴扛在自己肩上。

纳斯尔丁踉踉跄跄地走进集市，两腿一软倒了下来，儿子和驴子都一头栽倒在水果摊前。

人群中，有人笑了起来，有人愤愤不平。

“你想知道幸福的秘诀吗？”纳斯尔丁对儿子说，“嗯，其实很简单，那就是走自己的路，让别人说去吧！”

根据传说故事改编

太看重别人的想法，只会自寻烦恼，
因为别人总能各执一词！这就是纳斯尔丁总结的教训。
你是否同意他的说法？
那么会不会有时候，
听取别人的意见比固执己见要来得好？

霍布斯和他的抄写员

人类害怕闪电，
害怕野兽……
可事实上，再没有什么比人本身更危险的了：凡人皆狼。
嗷——
人跟狼一样？您肯定吗？
我觉得人更像羔羊吧。

“凡人皆狼。”

霍布斯并没有说人吃人，不过意思也差不多了。

在他看来，要是没了国家和法律，人们就会偷窃，甚至互相残杀。

对于霍布斯来说，人性本善是根本不存在的。恰恰相反，人生来就是彼此的敌人。

世上如果没有司法机构、法律和警察来约束人类，每个人都可能攻击自己的邻里，或是为了将他们的财产占为己有，或是出于害怕被抢夺而先下手为强。

有些人反驳霍布斯的观点，他们认为“人性本恶”是他臆想来的。霍布斯回应说：只要看看我们社会中每天发生的犯罪案件数量，看看每个人如何小心地锁门和藏钱，就能想象出，要是没有法律和警察，世界会变成什么样子！

对于霍布斯来说，一旦没有了国家（也就是说，没有了法律，没了警察，也没了首领），人都会变成狼，互相残杀。

哲学小游戏

这些关于爱情和友谊的哲理已经流传了好几个世纪。不过，它们在流传过程中遗失了一个词。请选择正确的词，把句子补充完全。

独享 ________。

如果有人问我为什么喜欢她，我不知从何说起，只好回答：“________ 是她，所以是我。”

友谊可以把快乐加倍，将悲伤 ________。

________，就是可以让你在他面前畅所欲言的人。

人人为我，我为 ________。

没有爱的人生，就是没有 ________ 的人生。

缺失的词语

减半 人人 无趣 阳光 朋友 因为

与世隔绝

凡事往好处想

哲学小档案

有些鸟结伴生活在一起，一生都对伴侣忠贞不渝。就拿“爱情鸟”来说吧，它们本是非洲南部的一种鹦鹉，之所以被称为“爱情鸟”，是因为这种鸟一旦结成对，雄性和雌性就永远不会分开。它们的拉丁语学名是“*Agapornis*”，源于希腊语，意为“恩爱鸟”。

也就是说，世上并非只有人类是与伴侣一起生活的。在你看来，这些鸟是出于爱情还是其他原因相依相偎？你认为它们真的像人类一样相亲相爱吗？

什么是“相亲相爱”？

哲学小格言

萨特和他的抄写员

“他人即地狱。”

这句话并不意味着他人就是难以忍受的，也不意味着他们会伤害我们。

萨特在一部名为《禁闭》的戏剧中写下了这句名言。这个剧本讲述的是三个人死后来到地狱的故事。

三个人互不相识，每个人分别开始讲述自己的故事，试图让自己看起来像个好人。但很快，其中两个人就发现另一个人曾犯过罪。

萨特想象中的地狱就像一间简单的客厅，相当舒适，里面没有传说中的火焰，也没有刑具。

事实上，这三个人中的每一个都注定要永远面对另外两人的审视和审判。

对于萨特来说，这就是地狱本质：面对他人时，你必须为自己的劣迹负责。

哲学小故事

仙女厄科和纳喀索斯

掌管森林和河泽的年轻仙女们，都爱上了英俊的纳喀索斯。可面对她们的魅力，纳喀索斯不为所动，一直拒她们于千里之外。

厄科是一个被下了诅咒的仙女，她只能不断重复别人的话的最后几个字，她也深深爱上了纳喀索斯，并且为没有任何机会结识他而痛苦万分。

直到有一天，厄科看到纳喀索斯独自一人，她便迅速躲到了一棵树后面。

“这儿有人？”纳喀索斯问道。

“有人。”厄科重复道。

纳喀索斯叫了起来：“那就现身吧！过来吧！”

“过来吧！”厄科回答。

纳喀索斯继续说：“来吧。”

“来吧！”厄科重复道。

看到心上人离自己这么近，厄科一下子慌了手脚，一头扑进纳喀索斯的怀里。纳喀索斯吓了一跳，猛地推开了她。绝望之下，厄科逃跑了。

纳喀索斯还以同样的态度对待其他仙女，经历了又一次冒犯之后，仙女们为了报仇，

决定对他下毒咒。

没过多久，纳喀索斯来到湖边，俯身看到了自己在水中的倒影，立刻爱上了自己。

他的爱是如此强烈，以至于无法将目光从自己的倒影上移开。他呆在那里，彻底被迷住了，甚至忘记了吃饭。他的眼泪掉进湖水里，模糊了他柔美的倒影，就这么几秒钟，他看不到自己了。纳喀索斯痛苦不已，一头栽进了湖中。

厄科发现了纳喀索斯的尸体，她找来其他仙女向他致哀。可当她们到达时，纳喀索斯的尸体已经不见了。取而代之的是一朵美丽的鲜花，长着白色的花瓣和金色的花蕊，这就是水仙。

根据奥维德的《变形记》改编

纳喀索斯因为轻视别人对他的爱而遭到惩罚，
最终死于自恋。你认为这惩罚公平吗？
我们是否应该回应别人对自己的爱慕？
如果一个人只爱自己，会发生什么？

哲学小测试

你是哪一类哲学家？是亚里士多德、霍布斯还是萨特？

要想知道答案，请回答小测试里的每一个问题，并在纸上记录下你的答案所对应的符号。

接下来，请数一数你得到了几个▲、■和●。

假如你得到的▲最多，请翻到第 38 页。
假如你得到的■最多，请翻到第 40 页。
假如你得到的●最多，请翻到第 42 页。

答案没有对错，你只需选出最符合自己想法的选项。

1. **大多数时候，我们交朋友是为了：**

   ▲有人陪自己一起玩。

   ■给人留下深刻印象。

2. **真正的朋友……**

   ■并不存在，因为人总是优先为自己考虑。

   ▲我们欣赏他，是因为他真实的样子。

3. **我喜欢和别人聊天，这是为什么呢？**

   ▲每当问题出现时，这能帮我们找到解决办法。

   ●这能帮助我更好地了解自己。

4. 他人往往会让我害怕，这是因为：

●我害怕他们会评判或取笑我。

■ 我害怕他们会偷我东西，甚至攻击我。

5. 我们是否应该永远服从？

■是的！ 因为如果每个人都不服从或抗议，世界就会一片混乱，甚至引发战争。

●不对！我们应该去做自己认为正确的事情。如果在我们看来，一个命令是不公正的，我们就必须反抗。

6. 为什么我们不能离开群体生活？

▲因为我们生来就生活在社会中，就像蚂蚁生来就生活在蚂蚁窝里一样。

●因为我们需要别人才能知道自己是谁——他人是我们的镜子。

7. 我的座右铭：

▲人多力量大！

■人不犯我，我不犯人！

●对他人和气，对自己坦诚。

假如你得到的▲最多，你就是……亚里士多德！

亚里士多德是谁？

亚里士多德于公元前 384 年出生在希腊的斯塔吉拉（今天的希腊北部）。18 岁时，他前往雅典，跟随有史以来最伟大的哲学家之一柏拉图学习。

41 岁时，亚里士多德成为当时只有 13 岁的马其顿王国王子的老师，这个男孩就是后来的亚历山大大帝。接下来，他创办了自己的学院吕克昂学园。

在亚里士多德看来，我们生来就注定生活在社会里，一旦离群独居，我们甚至无法生存。但是，社会生活带给我们的远远不止生存这么简单。

首先，社会生活帮我们“节省了时间”。多亏有了它（尤其是商品交换），我们不再需要为了糊口而打猎。每个人都可以把时间花在自己真正感兴趣的事情上，作为人来生活，而不是像动物一样为了生存只有一个目标，那就是寻找食物。社会生活可以让我们过上幸福的好日子。

社会生活也教会我们公正与公平。事实上，一旦没有被强制要求对所有人持公平态度时，我们往往只对自己的朋友讲公平。我们需要法律来维持这种公平、公正。法律在某种程度上对我们起到教育的作用。

最后，通过与其他公民的讨论，我们可以发现怎样才能让社会更美好，如何建立起一个更公平、公正的国家。

总之，我们和他人沟通交流，并不仅仅是为了满足自己的需要！

有朋友是平生一大乐事。然而，真正的友谊很稀有。在亚里士多德看来，大多数情况下，我们与某人成为朋友是因为他们对我们有用，或者因为我们有共同的爱好。这样的关系不会持久，因为一旦我们的兴趣爱好转变或不再需要对方时，这种关系就会告终。这样的友谊虽然不是坏事，却并不完美。

真正的友谊是，我们因为一个人的品质和他真实的样子而欣赏他。

姓名： 亚里士多德

年代和地区： 公元前 384 年出生于希腊斯塔吉拉，公元前 322 年逝于希腊。

同时代人： 哲学家柏拉图、伊壁鸠鲁，君主亚历山大大帝。

名言： 人是政治的动物。
大自然不做徒劳无功的事。

主要著作：《政治学》《尼各马可伦理学》等。

假如你得到的■最多，你就是……霍布斯！

霍布斯是谁？

托马斯·霍布斯是17世纪英国的一位哲学家。他经历过17世纪40年代震动整个英格兰的激烈内战，国王查理一世在内战中被砍了头。霍布斯便逃往法国，在那里待了十年。

让霍布斯着迷的是社会生活的问题：为什么人要生活在社会中？为什么他们愿意遵守法律，而不是无拘无束地活着？

在霍布斯看来，人生活在社会中并非因为这是天经地义的，而是因为这符合人类的利益：这是过上稳定和平生活的唯一途径。

要是没有法律，人类就会把时间花在互相争斗上，尤其会互相偷窃。

在霍布斯看来，人并不喜欢与其他人相处。人类在与他人相处时，唯一感到开心的时候就是感到自己受到尊重的时候；反之，当一个人感到遭到鄙视时，他便会无法忍受并会暴力相向。

在霍布斯眼中，人绝不是沉默的羔羊，而是拥有狼的一切特点！不过，人很聪明。这就是为什么人会为了利益而放弃暴力，只要他人也愿意和平相处。

也就是说，人与人之间出于利益达成了不互相侵犯约定。

为了履行这一约定，人类建立了国家。因为如果没有警察或政府，人就会感到不安全：“拿什么证明你们会遵守约定而不会攻击我？”为了将这种约定付诸实现，就必须有人负责监督并仲裁冲突，国家的作用就在于此。

姓名：托马斯·霍布斯

年代和地区：1588 年出生于英国韦斯特波特，1679 年于英国切斯特菲尔德去世。

同时代人：英国国王查理一世，法国国王路易十四，作家莫里哀、拉封丹和佩罗，哲学家笛卡儿、帕斯卡、约翰·洛克和弗朗西斯·培根，物理学家兼天文学家伽利略。

时代大事件：英国资产阶级革命。

名言：凡人皆狼。

幸福就是欲望从一个目标到另一个目标不断地发展。

主要著作：《论公民》《利维坦》。

假如你得到的●最多，你就是……萨特！

萨特是谁？

在**让 - 保罗 · 萨特**看来，一个人起初并没有什么鲜明的性格特征：他不任性、不邪恶、不害怕。决定他是谁的，是他的行为，是他在生活里的所作所为。

因此，每个人都可以随心所欲地做自己。“我确实没有帮助这个遇到危险的老人，可那又怎样？我胆小怕事，这就是我的本性。”当一个人用这套话为自己辩白时，他其实是自欺欺人，为自己找借口。因为在萨特看来，我们逃避危险并不是因为我们胆小怕事，我们是因为逃避风险而显得胆小怕事的！因此，每当我们宣称“这不是我的错”“我不是故意的”时候，我们都是不诚实的。

要想看清自己，我们就需要旁观者。比如，请想象一下你正在暗中窥视几个窃窃私语的朋友。如果没有人看到你的行为，你很快就会忘记这样做是不对的，即使你明知这样不好；可如果当时有人揭穿你，你就会感到羞愧和自责。我们需要他人的眼光来审视自己的所作所为，明白自己是谁。

反过来也是如此：我们要

想充分享受胜利的喜悦，或是了解自己的优点，不也需要得到别人的关注和祝贺吗？

萨特是 20 世纪最著名的哲学家之一。他能对所有人（而不仅仅是其他哲学家）言简意赅地表述自己的思想。他还参与了那个时代的很多论战，从不犹豫阐明自己的立场。

毫无疑问，这就是他在那个时代出类拔萃的原因之一。

1980 年，在他的葬礼上，数万人跟随送葬队伍向他致敬。

姓名：让 – 保罗 · 萨特

年代和地区：1905 年出生于法国巴黎，1980 年逝世。

同时代人：法国总统戴高乐和德斯坦，作家加缪、西蒙娜 · 德 · 波伏娃，哲学家米歇尔 · 福柯和莫里斯 · 梅洛 – 庞蒂。

时代大事件：第二次世界大战、阿尔及利亚战争、1968 年法国“五月风暴”。

名言：他人即地狱。

人生来自由。

主要著作：《存在与虚无》《禁闭》《恶心》。

小游戏答案

第 14 页

团结就是力量。

物以类聚，人以群分。

众人拾柴火焰高。

第 22 页

爱之深，责之切。

第 28 页

独享<u>无趣</u>。

如果有人问我为什么喜欢她，我不知从何说起，只好回答：

“<u>因为</u>是她，所以是我。”

友谊可以把快乐加倍，将悲伤<u>减半</u>。

<u>朋友</u>，就是可以让你在他面前畅所欲言的人。

人人为我，我为<u>人人</u>。

没有爱的人生，就是没有<u>阳光</u>的人生。

别人的看法重要吗？
10岁开始的哲学思考课

我能什么都知道吗？

[法] 让娜 · 布瓦耶 著 [法] 樊尚 · 贝吉耶 绘
徐洁 译

中信出版集团 | 北京

图书在版编目（CIP）数据

我能什么都知道吗？ /（法）让娜·布瓦耶著；
（法）樊尚·贝吉耶绘；徐洁译．-- 北京：中信出版社，
2023.9
（别人的看法重要吗？ ：10 岁开始的哲学思考课）
ISBN 978-7-5217-5674-6

Ⅰ．①我… Ⅱ．①让… ②樊… ③徐… Ⅲ．①哲学 -
儿童读物 Ⅳ．① B-49

中国国家版本馆 CIP 数据核字 (2023) 第 072755 号

我能什么都知道吗？
（别人的看法重要吗？:10 岁开始的哲学思考课）

著　　者：［法］让娜·布瓦耶
绘　　者：［法］樊尚·贝吉耶
译　　者：徐洁
出版发行：中信出版集团股份有限公司
（北京市朝阳区东三环北路27号嘉铭中心　邮编　100020）
承 印 者：北京利丰雅高长城印刷有限公司

开　　本：889mm × 1194mm　1/32　　印　　张：6　　字　　数：130千字
版　　次：2023年9月第1版　　印　　次：2023年9月第1次印刷　　印　　数：1-8000册
京权图字：01-2023-3001
书　　号：ISBN 978-7-5217-5674-6
定　　价：68.00元（全4册）

出　　品：中信儿童书店
图书策划：如果童书　　策划编辑：蔡磊
责任编辑：孙婧媛　　营销编辑：赵诗可
封面设计：李然　　内文排版：杨兴艳

服务热线：400-600-8099
投稿邮箱：author@citicpub.com

献给克里斯朵夫。

——让娜·布瓦耶

献给贝蒂和保罗。

——樊尚·贝吉耶

目录

在森林里迷路了

小月桂、小阿喀琉斯和小超看起来垂头丧气的，这是怎么啦？原来，他们已经在林子里转悠了好几个小时了，可就是不知道爸爸妈妈们去哪儿了！

所有的树看起来都一个样，天也完全黑了，现在该怎么办呢？

“我知道！”三个孩子异口同声喊起来。

小超说：“**我知道！** 狐狸总是在农场附近偷鸡，只要跟着狐狸的脚印就能走出林子。”

小月桂却不这么想。“**我知道！** 我们还是待在原地，等大人来找我们。”

小阿喀琉斯也有自己的主意。“**我知道！** 我们只要等到明天早上，天亮了就能看清路了。”

现在就请你来做决定

如果你的回答和小超一样，请翻到第 8 页。
如果你的回答和小月桂一样，请翻到第 9 页。
如果你的回答和小阿喀琉斯一样，请翻到第 10 页。

小超和哲学小蜜蜂的对话

“你好，小超。”哲学小蜜蜂嗡嗡嗡地飞了过来，“你在做什么呀？”

“你好，哲学小蜜蜂。我在森林里迷了路，正想循着狐狸的脚印走出去。它们为了偷鸡吃，总会跑到农场附近。”

“真的吗？你是怎么知道的呢？”

“嗯……这是我在生物课上学到的。”

“那就是说，是你的老师告诉你的……可老师又是怎么知道的呢？”

“这我就不知道了！肯定是有什么人告诉他的呀！”

“你会相信一个陌生人说的话吗？你怎么知道他说的是不是对的呢？或许，他以为自己说的是对的，实际上却搞错了。”

“你说的有道理，我不能百分百肯定狐狸就一定会去农场附近偷鸡，也没办法亲自去验证！但我现在遇到了麻烦，总得想办法解决……你可别忘了，我在森林里迷路啦！”

如果你同意小超的看法，请翻到第 11 页；
否则，就请返回第 7 页，看看小月桂和小阿喀琉斯是怎么说的。

小月桂和哲学小蜜蜂的对话

“你好，小月桂。”哲学小蜜蜂嗡嗡嗡地说，“你在做什么呀？”

“你好，哲学小蜜蜂。我迷路了，正等着有人来找我。依我看，没必要到处乱跑。有人找我的时候，如果我还到处乱跑，他们就永远找不到我了。”

“你是怎么知道的呢？”

“嗯，我觉得这合乎逻辑，如果我和妈妈同时在森林里到处跑，那么我俩相遇的概率就很小。而我只要留在原地不动，她总能找到我的。”

“那你怎么知道这‘合乎逻辑’呢？是有人告诉过你，还是你碰到过这种情况？”

“没有，并没有人告诉过我，我也是第一次碰到这种情况。但是我经过思考发现这合乎逻辑。我知道这个道理，就跟我知道二加二等于四那样。这合乎逻辑，就这么简单！”

如果你同意小月桂的观点，请翻到第 12 页；
否则，就请返回第 7 页，看看小超和小阿喀琉斯是怎么说的。

小阿喀琉斯和哲学小蜜蜂的对话

“小阿喀琉斯，你睡着了吗？”哲学小蜜蜂在昏昏欲睡的小阿喀琉斯耳边嗡嗡说道。

“很高兴见到你。”小阿喀琉斯揉着眼睛说。

“对不起，吵醒你了。不过……你为什么睡在林子里？”

“哲学小蜜蜂，我迷路了。我打算等到天亮，明天我就能看清路了。”

“你是怎么知道的呢？”

“我知道什么？”

“你怎么知道明天就会天亮？”

“这算什么问题！我知道，是因为从我出生起，每天早上太阳都会升起。我亲眼所见，不会出错的。”

“是的，不过嘛……说不定明天会不一样呢？为什么太阳每天都会升起？它也可以改变主意，决定明天不再升起。”

“当然不会这样！只有人类才会改变主意。自然界的万事万物总是以完全相同的方式在运转。只要用心观察就能够了解它们是如何发生的，以及未来会怎么发展。”

如果你同意小阿喀琉斯的观点，请翻到第 13 页；
否则，就请返回第 7 页，看看小超和小月桂是怎么说的。

哲学小蜜蜂点评小超的看法

小超说得对。你不可能把一辈子的时间花在亲自检验一切上。那样，就做不了其他任何事情了！

在课堂上，老师会教你很多知识：数学、科学、历史、地理等等。当然，这些知识并不是他们自己发现的，而是从他人或书本上学来的。

学者们的发现并不是从零开始的。他们是站在前人的肩膀上，继续自己的研究工作。

这就节省了大量的时间，促进了科学发展。如果每次都从零开始，那么，一个科学家终其一生，也不足以发现我们今天所知道的一切，我们积累的知识也就不会比史前时代的人多多少了！

因此，要想了解和发现事物，首先就要从学习开始。

完

哲学小蜜蜂点评小月桂的看法

小月桂说得对。有些事情是我们无须学习或亲身实践就能知道的。我们只需要通过思考，就能推断是不是真的。

打个比方来说：假如你知道皮埃尔是雅克的弟弟，玛丽是雅克的母亲，那么你就能猜到皮埃尔母亲的名字是玛丽——对你来说这是合乎逻辑的。

但是，光靠逻辑推理几乎不足以获取新知识。拿天文学的研究来说，是离不开观测天体这一步的；想要研究历史的人，就必须阅读过去的文本。在大多数科学中，只靠单纯的推理和逻辑是不够的；但从另一方面来说，推理和逻辑又是必不可少的——不然的话，面对一个充满矛盾的科学理论，我们该怎么办呢？

要想认识事物，首先就要认真推理、认真思考。

完

哲学小蜜蜂点评小阿喀琉斯的看法

小阿喀琉斯说得对。自然界的万物和人类并不一样。

太阳不会每天早上思考是否愿意升起；河水不会去想更喜欢流向哪里；一片橡树的叶子也不会考虑该在秋天还是春天落下。

自然界中的万物似乎都遵循着一定的规律，从不违背。

所以只需要仔细观察，就能预测或猜测世间万物的运转方式：你能知道太阳何时会升起，河水会朝着哪个方向流淌，橡树的叶子会在哪个季节凋零。

当然，有些事件似乎打破了自然界的这种秩序，比如地震或飓风。可如果我们现在还不知道如何预测它们，这也许是因为自然界中还有很多未知需要我们去发现和学习。

要想了解事物，首先就要认真观察。

完

哲学小游戏

将同色词语排序，组合成蕴含人生哲理的成语。

蛇　熟　画　貌

不　能

人　相

添足

生　可　巧

上天入地，无所不能

你知道吗？

哲学小档案

在长达几个世纪的时间里，大多数人一直以为太阳是围绕着地球旋转的。到了 18 世纪初，伽利略的重要发现有力地证明了哥白尼地球围绕太阳旋转的观点。那个时代的神父认为这个想法违背了基督教思想，伽利略因此被判处终身监禁。

在今天看来，对伽利略的这一审判是不公正的——并不能因为科学发现与宗教信仰有矛盾，就试图掩盖它。应该说，没有什么能够阻止科学的进步。话虽如此，即便放在今天，人们依然会质疑某些科学发展究竟是好还是坏：我们是否应该放任那些关于如何炸毁地球的科学研究？是否应该允许用科学技术改造生物？所有这类问题始终悬而未决。对于科学技术是否可以为所欲为，我们持否定观点。科学难道不应该受到道德规范的约束吗？

哲学小格言

苏格拉底和他的抄写员

“我只知道一件事，那就是我一无所知。”

很多人说苏格拉底是最聪明、最有学问的人，苏格拉底就说出了这句名言作为回应。

苏格拉底想说的是，要想成为博学的人，首先得意识到自己的无知。一个自认为无所不知的人永远无法学到任何东西，因为他永远不会去学习。

不过注意了，苏格拉底并不只是要我们列出自己还没有学到的知识。意识到自己的无知，还意味着质疑自己已经知道的一切。

在苏格拉底的一生中，他从未停止与人交谈，对人们根深蒂固的观念提出疑问。通过质疑并验证自己所说的话，人们意识到了自己对于正义、幸福以及政治存在着很多偏见。

一个人只有在意识到自己对事物存在错误的认知以后，才能开始认真思考并渴望去探索真理。

普罗米修斯的礼物

厄庇墨透斯和哥哥普罗米修斯正在等待。在此之前，一位使者警告他们，众神之神宙斯将召见他们。普罗米修斯沉默不语，而厄庇墨透斯一直在大声猜测着等待他们的将是什么。

突然间，宙斯出现了，手里拿着一个奇怪的陶盒子。“这个盒子里面装着天底下所有的特质。”他咆哮道，“你们打开它，把相应的特质分给每一种动物。”

普罗米修斯立刻想到了适合每种动物的特质。可他的兄弟抢了先。厄庇墨透斯抓起盒子，来到动物们面前。“羚羊，”他一边分配这些珍贵的特质一边说，“我赐给你灵巧的蹄子，让你逃脱猎豹的追捕；燕子，这是一对翅膀，好让你在天上自由翱翔，永远追随春天的脚步；长颈鹿，你会有长长的脖子，可以吃到树上最高的叶子；至于你，鳄鱼，用这强大的颌咬住猎物，永不松口。”

厄庇墨透斯就这样一直忙到天黑，筋疲力尽的他在一棵树下睡着了。

他的哥哥普罗米修斯一直跟着他。“厄庇墨透斯，”他低声问，“你确定自己没有忘记什么吗？”厄庇墨透斯已酣然入睡。“厄庇墨透斯，”普罗米修斯提高了嗓门又喊道，“你什么都没给人类……他们靠什么在其他动物中生存下来呢？”厄庇墨透斯依旧没有醒来。普罗米修斯拿着盒子想了许久……接着，他知道自己该怎么做了：他把智慧给了人类。

根据柏拉图《普罗泰戈拉》中的故事改编

在你看来，
人类是否收到了最棒的礼物？
智慧是不是世界上最好的生存武器？

哲学小游戏

下面这些名言已经流传了好几百年了，不过，它们在传播过程中丢失了一个词。现在请你来补充完整。

真正的学者就像田野上的麦穗：麦穗空瘪的时候，它总是很挺拔，高傲地昂着头；麦穗 ______ 的时候，它总是表现出温顺的样子，低垂着脑袋。

良知是世间分配得最 ______ 的一种东西。

三人行，必有我 ______ 焉。

吾生也有涯，而知也 ______。

知识比任何东西更能给人 ______。

缺失的词语

均匀 自由 无涯 饱满而成熟 师

知识营销!

号外号外！这是汇集所有知识的
百科全书！一卷在手，万事不愁！
你的百科全书知道怎么
名利双收吗？
呃……
不知道。
好吧……
那就算了。

谁知道……

他们什么都知道！
你的意思是他们
知道我知道他们
知道我们知道他们
什么都知道？

笛卡儿和他的抄写员

抄写员！请写下这句妙语：
我思故我在。
您以为您是谁？
写下来！我思故我在。
呃……您确定吗？
确定无疑！
嗯……来把这里擦干净。
我思故我在，我在故我擦。

“我思故我在。”

“我思故我在。”是最著名的哲学名言之一。不过，人们却很难理解这句话的玄机。

我思故我在……换句话说，就是：我思考，所以我存在。这看起来是完全符合逻辑的。的确，要是我都不存在了，我就无法思考了。

事实上，这句话很重要，因为我们可以确定它是正确的。尽管有些所谓的怀疑论哲学家认为我们无法确定任何事情。照他们的说法，人们在做梦时，会以为自己看到的一切都是真实的，可实际上却是空梦一场。“那么，有没有可能我们一直在做梦呢？”他们发出了这种疑问。如果真是如此，那么就没有什么是真的，一切都不存在。

笛卡儿则认为他们是错的。因为假如我在做梦，假如我想错了，假如我心生怀疑……说白了，都是假如我在思考，那恰恰说明我是存在的。这至少是一个可以确信的事实。

“我思故我在。”——对于笛卡儿来说，这是他的头号真理，是一个永远坚不可破的，人们可以在此基础上构建未来任何知识的真理。

独特的礼服

从前有个皇帝，他从两个裁缝那里定制了一件礼服。有天晚上，他派侍从去查看裁缝的进展如何了。

“礼服差不多做好了。”一个裁缝对侍从说，“不过，这是一件独特的礼服，只有智力超群的人才能看得到它。”

可无论侍从再怎么集中注意力，还是什么都看不见。“如果我承认自己没看见，”他对自己说，“我就会被当成傻瓜赶出去的。”

“太美了！”他惊叹道。

第二天，皇帝又派了大臣去查看礼服。如出一辙，裁缝们向大臣解释了礼服的神奇之处。

“我会比侍从傻？”大臣同样什么也没看见，便自言自语了起来，“我们就假装一切顺利，不然我官职不保。”

“太棒了！了不起！”他同样惊叹了起来。

“我的礼服做好了吗？”皇帝亲自来问。

裁缝们向他解释说，只有智力超群的人才能看到礼服。他们同时向皇帝道喜，恭喜他手下人才济济，因为每一个前来查看的人都看到礼服了。

可皇帝什么都没看见。“难道我会比别人笨？我可不能让他们看出来。”他心想道。

“妙不可言！光彩夺目！华丽无比！”皇帝赞不

绝口。

到了第二天，皇帝明明看不见礼服，却假模假样穿起了衣服：把手伸进一只袖子，接着是另一只。好在似乎没有人注意到他在装模作样。随后，他来到了皇宫中人群簇拥的主广场。皇帝一抵达那里，人群就马上安静下来。就在一片寂静中，一个孩子的笑声响起："皇帝没穿衣服！"

人们顿时放声大笑起来。事实上，没人能看到所谓的礼服，大家所看到的不过是一个光着身子的皇帝罢了！

过了一会儿，皇帝终于明白了，原来大家都在取笑他，可惜为时已晚。他派兵追捕那两个裁缝。但那两个骗子拿着制作那根本不存在的华丽礼服得来的钱，早就溜之大吉啦。

根据安徒生童话《皇帝的新衣》改编

那么你呢？

你有没有因为别人告诉你这是真的，

而去相信某件荒谬的事情？

你有没有为了不想被人看作是傻瓜而不懂装懂？

三段论是由三个句子组成的逻辑推理，最后一句是前两句的逻辑结论。

举个例子：

哲学小蜜蜂是一只蜜蜂。
所有的蜜蜂都会飞。
那么，哲学小蜜蜂就会飞。

在下面四个例子里找出唯一一个真正符合逻辑的三段论。小心陷阱哟！

所有的鱼都会游泳。
我妈妈也会游泳。
所以我妈妈是一条鱼。

我的哥哥不是天使。
我不是天使。
所以我就是我的哥哥。

我家里最小的孩子很聪明。
我是家里最小的孩子。
所以我很聪明。

女王自命不凡。
我姐姐也自命不凡。
所以我姐姐是女王。

哲学小漫画

知识就是力量!

谁知道……

哲学小档案

科学天才阿尔伯特·爱因斯坦于1955年去世，享年76岁。在他死后，他的大脑被摘除并精心保存。

研究人员对爱因斯坦的大脑进行了研究，希望了解为什么他如此聪明。

我们的智力水平是否取决于我们大脑的结构？我们生来视力水平不同，那么智力是否也是天生的？

我们的智力发展难道不是自身的经历、思考、学习和好奇心综合的结果？

不过首先要明确一点……智力意味着什么？

休谟和他的抄写员

没有什么比思想更自由……
嗨！嗨！没错。
我可以想我所想，没有人能阻止我。
不过思想被限制在狭窄的范围内。
噗……让人扫兴的家伙。

“没有什么比思想更自由……但它被限制在狭窄的范围内。”

休谟所说的并不矛盾。

思想是自由的，这出于两个原因：首先，没有人能阻止我们思考，即便是最可怕的暴君。他人可以阻止我们说出自己的想法，却不能阻止我们去思考。

其次，思想是自由的，因为对它来说，一切皆有可能。我们可以想象一座糖果建造的房子、一座金山、一头独角兽，即使这些都不存在。

所以说，思想是最自由的。

然而，休谟又说思想被限制在狭窄的范围内。为什么？照他的说法，思想实际上只会将我们通过感官感知的元素（例如视觉）组成图像。假如可以想象出一座糖果建造的房子，那是因为我们已经见过房子和糖果。

我们的思想只负责将这二者结合起来。它从不自行创造任何东西，而是受到我们阅历与经验的限制。

黑暗中的大象

“旅行者带回来了一头大象！”

“是的！ 一头大象，我向你保证！……它被藏在一间棚屋里……”

“一头大象，没错！”

三个堂兄弟从他们的卧室里听到了上面这些话。

“大象长什么样？”其中一个问道。

“我不知道，”第二个回答说，“但它一定很特别。”

“当然啦，”第三个说，“所有人都在谈论它！”

“等大人们睡着了，”第一个人说，“我们就去旅行者的营地，看看它到底长什么样儿。”

到了半夜，三个堂兄弟溜进了营地。他们悄悄地走近藏着大象的棚屋，这里既没有门也没有窗，只有三个狭小的洞，洞口只能伸进去一只胳膊。

第一个人伸手进去，用指尖碰了碰大象，其他两个人也照做。

“大象像一根大水管。”摸到象鼻子的第一个人说。

“我觉得大象更像一把扇子。”摸到象耳朵的第二个人说。

“才不是呢！”摸到象背的第三个人说，“它像一个宝座。”

“不管怎么说，”第一个人总结道，“它不至于让人大惊小怪！”

三个堂兄弟有点失望地回家了，他们还是不知道大象长什么样。

根据波斯诗人鲁米的《玛斯纳维》改编

在你看来，是什么原因导致
这三个堂兄弟没弄清楚大象的样子？
假如他们看清了大象，是不是就能明白一切了？
他们是不是还应该知道大象是
“一种生活在非洲和亚洲的大型食草动物”？
那么，我们究竟能否全面了解一个事物？

哲学小测试

你是哪一类哲学家？是苏格拉底、笛卡儿还是休谟？

要想知道答案，请回答小测试里的每一个问题，并在纸上记录下你的答案所对应的符号。

接下来，请数一数你得到了几个▲、■和●。

假如你得到的▲最多，请翻到第 38 页。

假如您得到的■最多，请翻到第 40 页。

假如您得到的●最多，请翻到第 42 页。

答案没有对错，你只需选出最符合自己想法的选项。

1. 刚出生时：

●我的脑袋一片空白；后来，我看见的、喜欢的、感受到的一切，总之，就是我所经历的一切，逐渐填满了它。

▲我的脑袋里已经充满了各种想法和知识，然后我通过不断思考和质疑自己而逐渐发现它们。

2. 我之所以能想象出一个美人鱼的样子……

▲那是因为，在我的脑海里，有一个现成的美人鱼形象。

●那是因为，我见过女人和鱼的样子，我只需要在脑子里把这两个图像组合在一起就行啦。

3. 所有猫都有两只眼睛……

▲当然啦！ 两岁小孩都知道。

●在见到地球上所有的猫之前，我没法确定这是不是真的。

4. 我最喜欢的学科是……

●语文。

■数学。

5. 探索发现的最好方法是……

■思考已知的一切，并从中举一反三。

●观察和实验。

6. 我们应当怀疑一切吗？

■我应该怀疑我掌握的每一种知识。这样我就能验证它们是否正确。

●怀疑是科学的一部分。对于任何事情，我们都不能百分百确定。

7. 关于知识，我的座右铭是……

▲我只知道一件事，那就是我一无所知。正因如此，我务必要继续寻求真理。

■我至少知道一件事，那就是我存在着。以此为基础，我可以开始寻找其他真相。

8. 我们能否永远知道什么是对什么是错，怎样才能做到公正而善良？

■我们还没有足够的知识来确定什么是正确的。在此之前，我们必须尽力而为。

▲如果我们诚实面对自己，对自己提出正确的问题，那么我们就不会出错。

假如你得到的▲最多，你就是……苏格拉底！

苏格拉底是谁？

苏格拉底生活在公元前 5 世纪的古希腊雅典。我们差点儿就错过了这位伟大的哲学家，因为他没有任何著作流传于世。好在他的弟子柏拉图发表了许多对话集，其中就收录了他和苏格拉底的谈话。这让我们得以了解到苏格拉底的思想。

苏格拉底并不想写书或教书。他更喜欢与人聊天和交谈。对于那些自以为无所不知的人，他指出这些人实际上一无所知；对于那些自认为无知的人，他则向他们表明，假如他们尝试着去思考，就可以知道一切。

在苏格拉底看来，我们每个人都拥有世界上的所有知识，只不过它们一直隐藏在内心深处，直到我们正确地向自己提问时才会发掘它们。

苏格拉底通过不断地向人提问，包括那些没有受过教育的人，引导他们自己发现了许多真理：美、爱、智慧、政治。

苏格拉底在雅典家喻户晓，可他却一直过着贫困的生活。他没有向任何人要钱，而是认为只需要很少的钱就能维持生活。“有些人活着是为了吃饭，”他说，“而我吃饭是为了活着。”

可惜不是所有人都欣赏苏格拉底这种生活态度，他被雅典法庭指控腐蚀雅典青年，认为他教授的思想带坏了他们。他因此被判处死刑。他所有的朋友都提出要帮助他逃亡，可苏格拉底拒绝了，甘愿赴死。

姓名：苏格拉底

年代和地区：公元前 469 年出生于古希腊雅典，公元前 399 年逝世。

同时代人：哲学家柏拉图、诗人阿里斯托芬、政治家伯里克利。

名言：我只知道一件事，那就是我一无所知。

遭受不公正总比犯下不公正要好。

主要著作：苏格拉底没有写过书，但他几乎出现在柏拉图的所有对话集中（包括《苏格拉底的申辩》《美诺篇》《克力同篇》等等）。

假如你得到的■最多，你就是……笛卡儿！

笛卡儿是谁？

勒内·笛卡儿是法国最伟大的哲学家之一。1596 年，笛卡儿出生在法国图尔地区的一座小村庄——这村庄如今以他的名字命名。1628 年，他决定移居荷兰，因为在当时的法国无法自由地表达个人的想法。

笛卡儿下定决心从头开始研究科学史。他认为太多的谬论和偏见代代相传，于是想要清除陈旧的知识：必须忘记这一切，找到一种有助于辨别真假命题的方法，并在坚实的基础上逐步重建科学。

笛卡儿的方法在于毫无例外地质疑一切知识。他甚至对物体的存在也提出了疑问！“或许，我以为我在周围看到的这些物体，在现实中并不存在，”笛卡儿做出假设，“也许它们只存在于我的想象之中。”

那么，如果我们连自己亲眼所见都不能相信，我们还能相信什么？

笛卡儿认为我们具备与生俱来的观念，这些观念是我们内在心智的一部分，不依赖于我们的见闻和感受。比方说，数学原理就是如此。笛卡儿认为，借助这些“先天的观念”，我们可以发现世界上所有的知识。只要正确思考并有条不紊地进行，我们就能做到这一点。

不过，笛卡儿也承认，自己要想在所有领域都具备一定的知识，还有很长的路要走。

直到笛卡儿 54 岁去世时，他都没有来得及完成那雄心勃勃的计划。然而，他在思想史上却留下了深刻的印记。

姓名：勒内 · 笛卡儿

年代和地区：

1596 年生于法国图尔地区拉艾，

1650 年在瑞典斯德哥尔摩逝世。

同时代人：

哲学家霍布斯、剧作家高乃依、物理学家兼天文学家伽利略、法国国王路易十三。

名言：我思故我在。

良知是世间分配得最均匀的一种东西。

主要著作：《方法论》《形而上学的沉思》等。

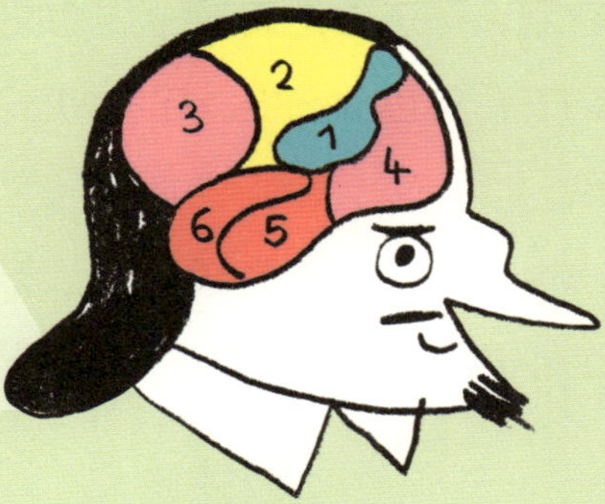

假如你得到的●最多，你就是……休谟！

休谟是谁？

大卫·休谟是 18 世纪的英国哲学家。他同几位法国哲学家都是好朋友，尤其是让-雅克·卢梭。

26 岁时，休谟就发表了他最重要的著作《人性论》。

休谟是一个经验主义者。在他看来，我们所有的知识和思想都源于经验和感觉。除了一生中的所见和所感以外，我们的头脑中其实什么没有。打个比方说，我知道鸭子是什么，是因为我见过鸭子；我知道恐惧是什么，是因为我曾感到过恐惧。如果我能知道我从未见过或感受过的事情，那是因为我的大脑正在“修补”自己已知的一切。比如，即便从未谈过恋爱，我也能明白这意味着什么：我会想到“喜欢”一个人的感觉，试着想象出这种感觉放大一百倍时会是什么滋味。

休谟同时也是一个怀疑论者。他认为，对于人类社会和自然界的规律，我们无法坚信不疑。我们可以做出假设和推测，但我们永远无法绝对确定某一结论。比方说，如果我们连续几年观察到，燕子在冬天飞往温暖的国度，那么我们就可以预测它们下一年也会迁徙。尽管如此，但并没有什么足以保证这一点。

沸水也是如此，水在 100 摄氏度沸腾，即便我们观察到一千次这种情况，也没有证据表明情况总是如此。

然而，这种怀疑主义（对所有事情都持质疑态度）不应当阻止我们进行科学研究。即使科学研究无法提供绝对确定的知识，它们还是会为人类造福。

姓名：大卫·休谟

年代和地区：1711 年出生于苏格兰爱丁堡，1776 年在爱丁堡去世。

同时代人：哲学家卢梭、狄德罗和伏尔泰，经济学家亚当·斯密。

名言：没有什么比思想更自由……但它被限制在狭窄的范围内。

思想的所有原料，都来自我们的感官。

主要著作：《人性论》《人类理解研究》等。

小游戏答案

第 14 页

熟能生巧。

画蛇添足。

人不可貌相。

第 22 页

饱满而成熟

均匀

师

无涯

自由

第 28 页

我家里最小的孩子很聪明。

我是家里最小的孩子。

所以我很聪明。

别人的看法重要吗？
10岁开始的哲学思考课

什么是对？什么是错？

[法] 让娜 · 布瓦耶 著
[法] 洛朗 · 伽利格 绘
徐洁 译

中信出版集团 | 北京

图书在版编目（CIP）数据

什么是对？什么是错？/（法）让娜·布瓦耶著；（法）洛朗·伽利格绘；徐洁译 .-- 北京：中信出版社，2023.9

（别人的看法重要吗？：10 岁开始的哲学思考课）

ISBN 978-7-5217-5674-6

Ⅰ.①什… Ⅱ.①让… ②洛… ③徐… Ⅲ.①哲学－儿童读物 Ⅳ.① B-49

中国国家版本馆 CIP 数据核字 (2023) 第 072752 号

什么是对？什么是错？
（别人的看法重要吗？:10 岁开始的哲学思考课）

著　　者：[法] 让娜·布瓦耶
绘　　者：[法] 洛朗·伽利格
译　　者：徐洁
出版发行：中信出版集团股份有限公司
（北京市朝阳区东三环北路27号嘉铭中心　邮编　100020）
承 印 者：北京利丰雅高长城印刷有限公司

开　　本：889mm × 1194mm　1/32　　印　　张：6　　字　　数：130千字
版　　次：2023年9月第1版　　印　　次：2023年9月第1次印刷　　印　　数：1-8000册
京权图字：01-2023-3001
书　　号：ISBN 978-7-5217-5674-6
定　　价：68.00元（全4册）

出　　品：中信儿童书店
图书策划：如果童书　　策划编辑：蔡磊
责任编辑：孙婧媛　　营销编辑：赵诗可
封面设计：李然　　内文排版：杨兴艳

服务热线：400-600-8099
投稿邮箱：author@citicpub.com

献给克里斯朵夫。

——让娜 · 布瓦耶

献给伊达和她所有的朋友。

——洛朗 · 伽利格

目录

游戏卡

“美丽！美丽！你收集的游戏卡从书包里掉出来了！”小月桂、小超和小阿喀琉斯同时叫出声。

美丽转过身说：“哦！谢谢。”她拾起了卡片，快步上了公交车。小月桂、小超和小阿喀琉斯则继续往前走。

突然间，他们听见有个细细的声音响起。

“孩子们，你们好呀！你们为什么这么做呢？”

“你好，哲学小蜜蜂！”三个小朋友一看到嗡嗡叫的小蜜蜂就喊了出来。

哲学小蜜蜂接着说道：

“你们为什么提醒美丽捡起卡片？怎么不趁机悄悄拿过来，你们就不想要这些卡片吗？”

“当然想要！”小超回答，“可如果我据为己有了，我就会心生愧疚。”

“当然想要！”小阿喀琉斯回答，“可如果我那么做了，我害怕会受到惩罚。”

“当然想要！”小月桂回答，“可如果我是美丽，我会憎恨那个偷拿走卡片的人。”

现在就请你来做决定

如果你的回答和小超一样，请翻到第 8 页。
如果你的回答和小阿喀琉斯一样，请翻到第 9 页。
如果你的回答和小月桂一样，请翻到第 10 页。

小超和哲学小蜜蜂的对话

“愧疚？可你为什么会愧疚呢？”哲学小蜜蜂问。

“因为偷东西是错的。”

“那你怎么知道是错的？”

“因为我感觉到了！什么是好，什么是坏，我们一下子就能感觉到。如果我帮助一个盲人过马路，我会感到自豪，因为这是对的；可如果我偷了别人的东西，我就会心生愧疚，感到羞耻，心里过意不去。这很容易理解，不是吗？”

“可如果真的这么简单，”小蜜蜂回答说，“天底下就不会有小偷了。如果每个人都和你有相同的感知，就不会有人偷东西了。谁也不想感到羞耻和内疚。那么你跟我说说，依你看，小偷为什么要偷东西呢？”

“也许是因为小偷觉得拥有这些卡片是件高兴的事，所以值得冒险去偷，即便那样会让他感到愧疚和羞耻。但不管怎么说，我相信小偷知道这是错的，这让他变得不快乐。”

如果你同意小超的看法，请翻到第 11 页；
否则，就请返回第 7 页，看看小月桂和小阿喀琉斯是怎么说的。

小阿喀琉斯和哲学小蜜蜂的对话

“你是为了不惹麻烦，才好好表现的吗？”哲学小蜜蜂问。

“我可不想受到惩罚！”

“也就是说，一旦你确定自己不会受到惩罚，你就不会好好表现咯？你就会偷美丽的卡片了？那你就不会心生愧疚吗？”

“做错事当然会心生愧疚。但当我们非常想得到某样东西的时候，就无法克制自己了。所以嘛，如果我知道自己不会被惩罚……”

“可是，想象一下，如果每个人都和你想法一样，世上就没有谁可以信任了！”

“每个人都和我想法一样！这就是为什么世上有法律和惩罚呀，为了让我们只做正确的事，不做错误的事。如果仅仅靠愧疚感就能阻止我们变坏，世上就不需要法律，也不需要监狱了。”

如果你同意小阿喀琉斯的看法，请翻到第 12 页；
否则，就请返回第 7 页，看看小月桂和小超是怎么说的。

小月桂和哲学小蜜蜂的对话

“对于自己该干什么，你就是这样想的？换作是你自己被偷了，你也真的这么认为？”哲学小蜜蜂问道。

“是的，我就是这么想的。不然呢？”

“你不觉得每个人仅凭感觉就能知道一个行为是对还是错吗？”

“哦，我不想跟着感觉走。要想保持公正，就要保持中立。”

“你为什么这么说？”

“好吧，举个例子，我看到自己的小狗贾斯帕受到伤害，会比看到不认识的狗受到伤害更心痛。”

“这很正常，自己关爱的人和动物遇到了麻烦总是更能触动我们。”

“对。可实话说，无论是谁的狗，它们都不该遭受痛苦。要是两条狗都受伤了，我都得救。你看，哲学小蜜蜂，为了保持公正，与其听从内心，不如试着换位思考一下。”

如果你同意小月桂的看法，请翻到第 13 页；
否则，就请返回第 7 页，看看小阿喀琉斯和小超是怎么说的。

哲学小蜜蜂点评小超的看法

小超说得对。我们都有良知，都有道德感，我们凭直觉知道什么是对的，什么是错的。比方说，偷东西是错的，伤害他人是错的，背叛朋友是错的。这对我们来说显而易见，而且我们也认为显然每个人都知道这一点。即便有人会为自己辩解说：“啊，对不起，我不知道那样做是错的。”我们也不会拿他的话当真。

一个人做错事时，就会感到心里不舒服，会愧疚和不安；当一个人的行为无可指摘时，就会问心无愧。问心无愧的感觉真是太好了。

所以，一个人在做某件事之前，只要问问自己的良知：这样做是对，还是错？接下来，是否听从良知的指引，那就是每个人自己的事了。

完

哲学小蜜蜂点评小阿喀琉斯的看法

小阿喀琉斯说得对。愧疚可能很快就会被更强烈的快乐所替代。所以说，愧疚并不总是管用，更何况人类并不总能保持理智。

如果每个人都随心所欲，我们就无法生活在一起，因为所有人都会去偷别人的东西，那将是无法忍受的。这就是为什么会有法律和道德准则，它们约束我们，让我们不能为所欲为；让我们保持善良，而不是心生恶念；确保从善比从恶更有益；促使我们行善而不是作恶。打个比方，要是我偷朋友的东西，就会冒着以下风险：1. 心生愧疚；2. 失去朋友；3. 受到惩罚。那么，我还会去做吗？ 看起来得不偿失吧。

完

哲学小蜜蜂点评小月桂的看法

小月桂说得对。人不能只相信自己的直觉。尽管我们都有道德意识，但我们的内心也充斥着许多其他的东西，有爱，有恨，也有冷漠。所以说，如果一个人一味听凭直觉，就可能会变得不公正，也没法做出正确的选择。

要想知道该怎么做，就必须选择一个更靠得住的“法官”。假如直觉欺骗了我们，那么最好回归理性和思考。

试着跳出主观思维，从旁观者而不是自己或朋友的角度做出判断。打个比方说，我们可能会自问：假如每个人都这样或那样做了，会发生什么？ 如果我不想生活在一个人人做贼的世界里，首先我自己就不该去偷东西。这既遵守道德规范，也符合逻辑。

完

哲学小游戏

将同色词语排序，组合成蕴含人生哲理的谚语。

小时 不如 偷 玩

干 火

取

必 自

大时 金

偷

焚 蛮

智

针

哲学小漫画

“打倒道德！”

情绪沮丧

哲学小档案

在法国，曾有800万人生活在贫困之中。“爱心食堂”（Restos du Cœur）等公益协会呼吁每个人慷慨解囊，向最需要帮助的人施以援手。多亏了人们的捐款，“爱心食堂”自1985年创立以来已经派发了超过10亿份免费餐。

天底下有人挨饿，这既不是我的错，也不是你的错。那么，我们为什么还要捐钱呢？是为了博得慷慨的好名声吗？那些慷慨解囊的人，是真的关心他人，还是想借做好事来让自己高兴？如果我的付出是为了让自己高兴，为了心安理得，那么能说我是个自私的人吗？慷慨解囊的人会在庆幸自己做了好事的同时去做坏事吗？但归根结底，如果给予能让自己快乐，也让别人快乐，那不就两全其美了吗？

哲学小格言

卢梭和他的抄写员

“人性本善。”

为什么卢梭认为“人性本善”？如果真的人性本善，就不会有战争、暴力和不公正。那么，他到底想说什么呢？

其实卢梭很清楚，人类经常会表现出邪恶的一面。可他还是想提醒我们两件事。

首先，我们凭直觉都知道，怎样才能做好事、做好人。我们生来都有道德意识，生来都有良知。我们不是冷酷无情的人。

其次，我们都想要做好事，看到有人受苦受难，自然会想要施以援手。

然而，在很多时候，我们并不关心别人。

这是为什么？因为不幸的是，我们的道德良知并非支配我们行为的唯一因素。我们的行为还受到所谓理性支配下的其他意愿的影响。

打比方说，面对一个需要帮助的人，我们的某种理性为了说服我们坐视不理，会给出以下几种理由：“我们无法帮助到每个人”，“我们无须对别人的痛苦负责”，“凡事都应靠自己”。

这就是我们不听从内心、不遵从天性的原因。但善良天性是存在的，它随时准备着发出呼喊，让那些尽力倾听的人听到它的声音。

裘格斯的戒指

很久很久以前，在吕底亚有一个贫苦的牧羊人，名叫裘格斯。有一天，他发现了一枚金戒指。“我今天走大运了。”他对自己说。他把戒指戴在手指上，然后像往年一样去参加牧羊人大会。突然他下意识地转动手指上的金戒指，一件奇怪的事情发生了。

“裘格斯去哪儿了？”坐在他左边的牧羊人问道。

“他刚才还在这儿呢。”他右边的牧羊人回答。

裘格斯听了目瞪口呆，“他们怎么看不到我？”，他自言自语道。

没多久他就明白了，戒指给了他隐身的能力。

裘格斯简直不敢相信。如何利用这种能力？如果可以隐身，他从此以后就可以随心所欲去做任何自己想做的事，而不必担心被人抓住，受到审判和惩罚……

他漫无目的地徘徊了一会儿，思绪才渐渐清晰起来。他很快就想到，自己可以怎样取代国王的位置。

几天以后，裘格斯潜入了宫殿。他利用自己的能力，密谋煽动朝臣们反对国王，但这还不足以让国王下台，于是他便杀了国王。他用一系列诡计成功引诱了王后，最终娶她为妻。

裘格斯就这样成了吕底亚的国王。

那么他快乐吗？

故事里并没有给出答案。

根据柏拉图《理想国》中的寓言改编

如果你拥有这枚魔力戒指，
如果你确定自己永远不会受到惩罚，
你会利用它为所欲为吗？

哲学小游戏

中国古代的思想家们曾激烈辩论过人性问题，孟子坚持“性善论”，肯定人性向善。请你猜一猜，以下哪些话可能是孟子说的。

性无善无不善也。

人性之善也，犹水之就下也。人无有不善，水无有不下。

仁义礼智，非由外铄我也，我固有之也，弗思耳矣。

人之性恶，其善者伪也。

人之所不学而能者，其良能也；所不虑而知者，其良知也。

道德在哪里？

道德拷问

哲学小档案

在法国，直到 20 世纪 50 年代，女孩上学都必须穿裙子。敢穿裤子的女性非常不受待见。女性穿裤子被认为是不雅的、不知羞耻的、伤风败俗的。

女人穿裤子怎么会是不道德的呢？在穿裤装变得如此普遍的今天，历史上曾经发生的这一切令人难以置信。那么关于道德，我们能从中学到什么呢？这是否意味着道德只是一套会被逐渐遗忘的荒谬规则？前一天还是权威的，第二天却变得荒谬可笑，这样的规则还有什么用？但是，这种转变也表明道德是在不断进步的，我们也越来越能辨别哪些是真正的道德责任，哪些属于人身自由。

康德和他的抄写员

有两样东西让我心中充满敬意：头顶的星空和我心中的道德法则。
有两样东西让我心中充满敬意：头顶的星空和凡妮莎的秀发。

“有两样东西让我心中充满敬意：头顶的星空和我心中的道德法则。”

面对繁星点点的浩瀚夜空，我们对自己生活的世界充满敬畏，感到自己在宇宙中有多么渺小。

但是，星星受到自然规律的约束，它们并不是自由的。我们人类却是自由的。正因为我们自由，所以我们才能够制定自己的规则、法律。

当然，我们也受制于自然的法则。假如一脚踩空，我们就会跌倒；假如外面艳阳高照，我们就会感到炎热。此外，我们也受制于自己的欲望和需求。

但是，我们不必让自己被欲望牵着鼻子走。即使没有什么强迫我们，我们依然可以选择遵守道德法则，可以自由地选择履行我们的职责。

当我们选择道德法则，就会看到是什么让我们变得伟大。我们每个人可能只是宇宙中的一粒尘埃，但却被赋予了生命和自由。头顶上的星辰再壮观，也未必拥有这些。

让我们敬畏头顶上的星空，因为它彰显着支配宇宙的自然法则的壮丽和力量；让我们敬畏我们内心的道德法则，因为它体现了我们生而为人的自由和尊严。

哲学小游戏

以下这些谚语中，都指向人的某种缺点或坏习惯，请你猜一猜分别是什么。

人心不足蛇吞象。

耗子钻油壶——有进无出。

见树不见林。

一个和尚挑水喝，两个和尚抬水喝，三个和尚没水喝。

一瓶子水不响，半瓶子水乱晃。

道德可以救命吗?

给道德画像

哲学小档案

1729 年 11 月 28 日，纳奇兹印第安人袭击了位于美国南部路易斯安那州罗莎莉堡的法国营地，在短短两个小时内杀了 200 多人。

这些印第安人为什么这么做？因为有人侵占了他们的土地。可白人认为印第安人并没有这些土地的所有权。那么，在这个故事里，到底谁是好人，谁是坏人呢？这些印第安人是袭击无辜百姓的野蛮人，还是敢于将自己的生存、土地和文化捍卫到底的勇士？

尼采和他的抄写员

必须摧毁道德，
解放生命。
我喜欢这个哲学理念！
我知道这是错的，但我们必须摧毁道德！
让我们一起摧毁道德吧！
你挡到我的路了，大块头！
在摧毁道德这一块，我算是明白了。至于解放生命嘛，我还没参透其中的玄机。

“摧毁道德，以便解放生命。”

这并不意味着你应该做坏事而不做好事，这也不表示你能够随心所欲，为所欲为。

这句格言的落脚点至关重要，那就是：解放生命。解放生命就是把人类最强大、最优秀的那一面表现出来。

尼采批评的是那些不假思索就全盘接受西方道德规则的人。如果有人告诉他们：“从今天开始，随地爬行是合乎道德的，不爬行的那些人是邪恶的。”那么，这类人就会开始爬行。更糟糕的是，他们还会强迫别人爬行，认为每个人都必须“遵守道德”，却没想到人类会因此沦为蚯蚓爬虫一流。

尼采重估西方道德，建议人们做的恰恰相反：如果世上只存在一种道德，这种道德应该驱使我们突破人类极限，让人们远离蚯蚓，成为超越生活的强者。

马和驴

从前有个皮货商，他每个星期天都要去阿比松山顶的阿比松城市场。每次去，他都带着自己的白马，还有一头驴子驮着要卖的兽皮。道路漫长难行，驴子驮着货物，没有一句抱怨。

不过有一天，驴子向马提出了这么个请求：

“请帮我一把，我没法独自驮着这么重的包袱了。帮我分担一下上面这块皮吧，它还不算重。”

“你以为你是谁？”马回答道，“我可不是什么粗笨的畜生。我是一匹马，生来就是奔跑飞驰的，迎着风展示我那漂亮的鬃毛。如果你不信，不妨问问我们的主人。”

皮货商仿佛听懂了它们的对话，亲切地抚摸了马一下。

“我的朋友，”驴子继续说道，“多年来，一直是我驮着这批货物，因为这是我的使命。可今天我实在不堪重负了，我感觉再多走几步路就要筋疲力尽而死了。你这么强壮，这么有力气，请帮帮我吧。”

“别说蠢话了。”马回答道。

那一天，驴子没能走到阿比松城。它在半路上就一命呜呼了。

皮货商一开始乱了手脚，带着这么多兽皮，今天和往后的每个星期天，该如何走到阿比松城呢？

可他转眼便有了主意。他把原先驴子驮的兽皮统统放到马背上。等把全部货物转移完了以后，他又拿起了地上的驴皮，也放到了马驮着的货物上。

“我们走吧！”皮货商狠狠地赏了马一巴掌，“我们这就去阿比松城，我想你认识路。”

根据伊索寓言《马和驴》改编

那么你呢？
当别人向你求助的时候，你是否会施以援手？
还是会等到迫不得已的时候？
你是否认为马得到了应有的惩罚？

哲学小测试

你是哪一类哲学家？

是卢梭、尼采还是康德？

想知道答案吗？请回答小测试里的每一个问题，并在纸上记录下你的答案所对应的符号。

接下来，请数一数你得到了几个▲、■和●。

如果你得到的▲最多，请翻到第 38 页。
如果你得到的■最多，请翻到第 40 页。
如果你得到的●最多，请翻到第 42 页。

答案没有对错，你只需要选出最符合自己想法的选项。

1. **在某些情况下，说谎比说真话好。**

■不对，永远都不该说谎。因为如果每个人都开始说谎，我们就无法相信任何人了。

●为什么不呢，谎言有时让现实显得不那么残酷。

▲在某些情况下，例如出于保护某人的目的，我们可以说谎。

2. **道德因时代而异。在中世纪的时候，人们认为对罪犯施以酷刑是对的。可在今天，这在我们看来是不道德的。**

●这表明道德和善恶并不真正存在。

■这表明道德是与时俱进的，人与人之间的暴力，有希望随着历史的发展而减弱。

▲这表明人类如果不听从良知，他的行为不知道会荒谬可怕到何种地步。

3. **我梦想的世界是：**

▲一个平等、自由的世界，法律表达人民的意愿并捍卫他们的利益。

■一个和平共处的世界，各国将团结起来，遵守国际法。

●一个天才和艺术家层出不穷的世界，不断推陈出新、改造世界。

4. **下面哪一种品质是必不可少的：**

■纪律性

●想象力

▲真诚

5. **我对人类的看法：**

▲人类经常犯错，但人性本善。

■人类是最值得尊敬的。

●人类还可以做得更好。

6. **我对艺术的看法：**

▲大部分艺术作品（影片、小说、戏剧）会鼓励我们的缺点，而不是促使我们变得更好。

●艺术无疑是世上最珍贵的东西。

■所有人都能欣赏艺术品，这无关智力和文化。

7. **我的座右铭：**

■己所不欲，勿施于人。

●但凡杀不死我的，都能让我强大。

▲听从你的内心。

如果你得到的▲最多，你就是……卢梭！

卢梭是谁？

让－雅克·卢梭是一位孤独的哲学家。他和同时代的所有哲学家都合不来，其中包括伏尔泰、狄德罗，还有英国的大卫·休谟。老实说，他的哲学理念同他那个时代的思潮完全背道而驰。

18 世纪被誉为启蒙时代，是一个技术和科学取得重大进步的时期。在当时，所有人都认为这些进步将会消除不平等，让人类过上更幸福的好日子。

卢梭却不这么认为。在他看来，社会越是发展，人类就越难成为一个快乐、善良的人。为此，卢梭想象出人类在社会诞生之前的样子，当时人类独自在野外生存。

在那时，人类为确保物种的生存，只具备两种本能：一种是保护自己的本能（自爱），另一种则是保护他人的本能（怜悯）。那时的人类同类之间不会互相伤害。一切都共有，因此就不存在不平等。

如今，每样东西都有主人，有些人拥有很多，有些人则一无所有。人与人之间互相侵害，一些人是为了生存，另一些人则是为了增强自己的力量。原有的自爱变成了高傲（总是渴望拥有更多，被别人羡慕），怜悯被嫉妒所扼杀。在这些情况下，就很难做一个既快乐又善良的人。

不过，卢梭并不希望人类重新回归自然状态。他坚信，不平等总有一天会消失，这需要借助重大政治改革：法律必须表达人民的意愿，而不是维护少数人的利益。

卢梭于 1778 年去世。在他的思想启蒙下，法国大革命在 11 年后爆发。

姓名：让－雅克·卢梭

年代和地区：1712 年出生于瑞士日内瓦，1778 年于法国埃默农维尔逝世。

同时代人：哲学家狄德罗、伏尔泰、康德，法国国王路易十五。

名言：人性本善。

人生而自由，却无往不在枷锁之中。

主要著作：《论人类不平等的起源与基础》《爱弥儿》《社会契约论》。

如果你得到的■最多，你就是……康德！

康德是谁？

伊曼努尔·康德生活在 18 世纪，从未离开过他在波罗的海的家乡哥尼斯堡。他是哲学教授，也是科学和地理学教授。据说他的生活作息极其规律，以至于他的邻居们都根据他出现的时间校对手表。

康德以喜欢使用非常复杂的词语而闻名，也令人望而生畏，比如“先验美学”“形而上学导论”“假设命令时”等等。不过，他为所有哲学家（以及我们每个人）心中的道德疑问给出了一个非常简单的答案，那就是“我应该怎么做？”。

要想知道我是否应该做某事，就得问问自己是否希望这种行为成为人人必须遵守的规则。打个比方说，假如我想说谎，我就得问问自己：是否希望每个人每时每刻都在说谎？答案是否定的。所以说，即使说谎能给自己带来好处，即使事情看起来不是很严重，我也不应该撒谎。

康德并没有就此止步，他还提出了更高的要求！在他看来，光做好事是不够的。一切都取决于动机。如果一个人做好事是为了获得奖励，或者是为了满足自己的虚荣心，那么他就不是真正的好人。只有纯粹出于尊重他人而行善的人，才是真正道德上良善的好人。

对于康德来说，在道德层面，重要的是行为的动机，而不是结果。

姓名：伊曼努尔 · 康德

年代和地区：1724 年出生于哥尼斯堡（今俄罗斯加里宁格勒），1804 年也在此地逝世。

同时代人：哲学家卢梭、伏尔泰、狄德罗，音乐家莫扎特。

名言：你要这样行动，仿佛你的行为准则会因你的意志而成为普遍的自然法则。

有两样东西让我心中充满敬意：头顶的星空和我心中的道德法则。

主要著作：《纯粹理性批判》《实践理性批判》《道德形而上学基础》。

如果你得到的●最多，你就是……尼采！

尼采是谁？

尼采是一个与众不同的哲学家。在他出现之前，所有的哲学家都声称自己热爱真理和智慧，可尼采一来就说："没有真理，只有解释！"

照他的说法，真理并不存在，一切事物的真假都由人类来决定。

他用同样的论调继续说：道德是不存在的，事物的好坏都是由人类决定的。

为此，尼采举了一个非常简单的例子。捉羊羔的老鹰没有好坏之分，它只是根据自己的直觉和需求行动。老鹰和羊羔一样，都拥有生命权。我们不能怪老鹰。假如羊羔站出来声称自己是善良的，这就显得很荒谬。因为羊羔可能是受害者，但却不能说它"善良"。

在尼采看来，道德是一种发明，其目的是保护和补偿最低等的弱者，削弱最强者，并限制后者生存。

尼采还批评道德让人们去热爱一个想象出来的世界，里面充满了现实世界中并不存在的完美人物。尼采并不欣赏一个虚构的世界，而是希望我们发挥自己的优势，创造出一个光辉灿烂的世界。

尼采，这个崇尚力量和欢乐的哲学家，终其一生都疾病缠身。他学生时代才华横溢，在很年轻的时候就获得了教职，那时他甚至都没有获得必要的文凭。35 岁时，他因身体原因不得不提前退休。退休以后，他先后前往瑞士、意大利和法国定居。45 岁时，他精神分裂症发作，又瘫痪在床，事业就此画上了句号。

姓名： 弗里德里希 · 尼采

年代和地区： 1844 年出生于洛肯，1900 年于德国魏玛逝世。

同时代人： 哲学家马克思、作家雨果、音乐家瓦格纳。

名言： 没有音乐的人生，将是一场错误。

摧毁道德，以便解放生命。

主要著作：《论道德的谱系》《善恶的彼岸》《偶像的黄昏》《查拉图斯特拉如是说》。

小游戏答案

第 14 页

小时偷针，大时偷金。

蛮干不如智取。

玩火必自焚。

第 22 页

性无善无不善也。——告子

人性之善也，犹水之就下也。人无有不善，水无有不下。——孟子

仁义礼智，非由外铄我也，我固有之也，弗思耳矣。——孟子

人之性恶，其善者伪也。——荀子

人之所不学而能者，其良能也；所不虑而知者，其良知也。——孟子

第 28 页

贪心

吝啬

目光短浅

自私

自满